Bergmann · Der Buchfink

W0227026

Sammlung Vogelkunde im AULA-Verlag

Wissenschaftlicher Beirat Prof. Dr. H.-H. Bergmann
Dr. E. Bezzel
Prof. Dr. E. Thaler

Bereits erschienen Renate Kostrzewa/Achim Kostrzewa
Der Turmfalke

Titel in Vorbereitung Karin Pegoraro
Der Waldrapp

Thomas Brandt/Christian Seebaß
Die Schleiereule

Martin Boschert/Manfred Kipp/Frank Oberbrodhage/
Robert Tüllinghoff
Der Großbrachvogel

Ellen Thaler
Die Goldhähnchen

Weitere Titel in Planung Hausrotschwanz
Eisvogel
Lachmöwe
Stockente
Brandente
Graugans
u.a.

Die Reihe wird fortgesetzt

Hans-Heiner Bergmann

Der Buchfink

Mit 61 Abbildungen und 11 Farbfotos

Neues über einen bekannten Sänger

AULA-Verlag Wiesbaden

Prof. Dr. Hans-Heiner Bergmann
Fachbereich Biologie der Universität
D-49069 Osnabrück

Die deutsche Bibliothek — CIP-Einheitsaufnahme

Bergmann, Hans-Heiner:
Der Buchfink : Neues über einen bekannten Sänger / Hans-
Heiner Bergmann. [Zeichn.: F. Müller]. - Wiesbaden : Aula-
Verl., 1993
  (Sammlung Vogelkunde im Aula-Verl.)
  ISBN 3-89104-540-9

Fotos: Hans-Heiner Bergmann, Brigitte Schottler & Frank Henning, Rolf Siebrasse
Zeichnungen: F. Müller
Umschlag: Klaus Neumann, Wiesbaden
Gesamtherstellung: PDC, Paderborner Druck Centrum
Printed in Germany/Imprimé en Allemagne

ISBN 3-89104-540-9

Inhalt

Vorwort

Der Buchfink ist nicht nur ein hübscher und häufiger, in manchen Lebensräumen Mitteleuropas sogar der häufigste Vogel, er ist auch populär. Viele Menschen kennen ihn aus ihrer nächsten Umgebung. Manche lieben seinen Gesang, der sich wegen seiner klaren phrasierten Form einprägt und sich leicht mit Worten umschreiben läßt. Es gibt Vereine und Verbände von Vogelliebhabern, die sich mit der - recht schwierigen - Zucht dieser Vogelart befassen, andere veranstalten seit alters her Singwettkämpfe, bei denen der Teilnehmer gewinnt, dessen Fink in einer halben Stunde die meisten Strophen hervorbringt. Buchfinken meiden die Nähe des Menschen nicht. In Parks und Gärten, auf Campingplätzen und an anderen viel besuchten Orten gewöhnen sie sich an seine Anwesenheit oder werden futterzahm. Hier kann man sie am besten beobachten. Der Buchfink ist ein ,,Waldvogel''. An ihm entzünden sich Diskussionen um die von manchen Tierschützern heftig bekämpfte Waldvogelhaltung in menschlicher Obhut.

Einer der frühen Pioniere der Ornithologie und Verhaltensforschung, Freiherr J.F.A. von PERNAU (1660-1731), hat sich den Buchfinken als Lieblingsvogel gewählt (v. PERNAU 1702). Er hat in seinen Untersuchungen an dieser Vogelart viele Entdeckungen der modernen Ethologie vorweggenommen, nämlich die Prägung, das endogene Zugprogramm, Verhaltensweisen als taxonomisch verwertbare Merkmale und anderes (THIELCKE 1988b).

Der Buchfink spielt jedoch auch in der modernen biologischen Wissenschaft eine nicht unbedeutende Rolle. Seine Populationsbiologie und sein Verhalten, insbesondere seine Lautäußerungen, sind schon seit langem immer wieder mit verschiedenen Fragestellungen intensiv untersucht worden. Bei Diskussionen um Lernmechanismen und Gesangsprägung werden sogar in den Schulbüchern Buchfinken als gewichtige Beispiele verwendet. Aus diesem Grunde müssen die Lautäußerungen in einer modernen Buchfinken-Monographie einen Schwerpunkt bilden. Viele bekannte Ethologen und Vogelstimmenforscher haben wenigstens zeitweise am Buchfinken gearbeitet, wie HINDE, KREBS, MARLER, NOTTEBOHM, PRECHTL, SLATER, TEMBROCK, THIELCKE und THORPE, um nur einige zu nennen.

Da wir auch über die Ökologie des Vogels eingehende Kenntnisse haben, besteht die Möglichkeit, nun ein Bild seiner Biologie zu entwerfen, in dem Ethologie und Ökologie miteinander in Beziehung gebracht werden, selbst wenn es nicht überall gelingt, beide Gebiete in einem funktionellen Zusammenhang zu sehen. Andere Aspekte der Biologie des Vogels können hier nur gestreift werden. Zu systematischen Fragen, der genauen Beschreibung der Kleider und zu Angaben über Größe und Körpermasse kann man in Handbüchern und monographischen Darstellungen wie denjenigen von KRÄGENOW (1986) und BEZZEL (1993) nachlesen. Die Bearbeitungen im „Handbuch der Vögel Mitteleuropas" sowie in „The Birds of the Western Palearctic" standen mir leider bis Manuskriptabschluß noch nicht zur Verfügung. Andererseits sind neueste Originalpublikationen und eigene unveröffentlichte Befunde eingearbeitet worden. Ist der Buchfink auch ein recht gemeiner Vogel, so mag man doch darüber staunen, um wieviel er unsere Kenntnisse der Biologie bereichert, wieviele Fragen er uns aber auch offengelassen hat.

Danksagung

H.-W.HELB hat eine frühe Manuskriptfassung, H. DÜTTMANN und W. ENGLÄNDER Teile davon durchgesehen. Auch E. BEZZEL und B. TEN THOREN bin ich für Verbesserungsvorschläge zum Manuskript dankbar. Für besonders intensive Diskussion, zahlreiche Hinweise und sonstige Hilfestellungen danke ich M. SCHREIBER. Frau A. SCHREIBER geb. KEMME machte mir ihre unveröffentlichte Staatsexamensarbeit und die zugehörigen Abbildungsvorlagen zugänglich. A. DEGEN und W. ENGLÄNDER halfen beim Erstellen der Abbildungen. E. DUNN stellte großzügig die Liste der für die Artbearbeitung im Britischen Handbuch gesammelten Literaturangaben zur Verfügung. H. EHRENBERG informierte mich über frühere und heutige Gebräuche der Finkenliebhaber im Harz. G. KOOIKER stellte Daten über den jährlichen Gesangsbeginn in Osnabrück zusammen. Ihnen allen sei herzlich gedankt. Sie haben mich nicht nur unterstützt, sondern auch ermutigt.

Osnabrück, im September 1993   Hans-Heiner Bergmann

1 Der Buchfink kurz vorgestellt

Der Buchfink (*Fringilla coelebs* L., Abb. 1) ist ein Kleinvogel mit einer Körpermasse von etwa 22 g. Er gehört der Singvogelfamilie Finkenvögel (Fringillidae) und der Unterfamilie Fringillinae an. Nächstverwandt sind der auf Teneriffa und Gran Canaria (Kanarische Inseln) endemisch vorkommende Teidefink (*F. teydea*) und der Bergfink (*F. montifringilla*). Die früher zeitweise als eigene Art *Fringilla canariensis* abgetrennten Buchfinken der atlantischen Inseln (5 Unterarten, s.u.) rechnet man heute als Inselrassen zur Art *Fringilla coelebs*.

WOLTERS (1975 ff., in Übereinstimmung mit ECK 1975) unterscheidet beim Buchfinken drei Unterartengruppen:

F. c. spodiogenys-Gruppe, der Maurenfink, aus Nordafrika (Marokko bis Cyrenaica), mit den zwei Unterarten *spodiogenys* und *africana*;

F. c. canariensis-Gruppe, die Lorbeerfinken von den atlantischen Inseln;

F. c. coelebs-Gruppe: Alle sonstigen 11 Unterarten vom eurasischen Kontinent: *iberiae, balearica, sarda, gengleri, coelebs, wolfgangi, schiebeli, syriaca, solomkoi, alexandrovi, transcaspius*.

Tab.1: Übersicht über die Buchfinken-Unterarten der atlantischen Inseln (*F.canariensis*-Gruppe) und ihre Verbreitung:

F. c. tintillon	Teneriffa, Gran Canaria und Gomera
F. c. palmae	La Palma
F. c. ombriosa	El Hierro (Abb. 5)
F. c. maderensis	Madeira
F. c. moreletti	Azoren

Der Teidefink (Abb. 4) ist allein an die Kanarenkiefernwälder (*Pinus canariensis*) von Teneriffa und Gran Canaria (wo er heute sehr selten geworden ist) gebunden (s. MARTIN 1987 und BERGMANN et al. 1988), während die Buchfinken auf denselben Inseln die Lorbeerwälder besiedeln. Wo der Teidefink fehlt, wie z.B. auf La Palma, bewohnen die Buchfinken aber auch den Kiefernwald.

Abb. 1:
Singender Buchfink.
Aus BERGMANN (1987)

Der Buchfink ist von den atlantischen Inseln (Azoren, Madeira, Kanaren) im
Westen über ganz Europa und Nordafrika bis nach Sibirien hinein verbreitet
(Abb. 2). Ein Vorkommen auf den Kapverdischen Inseln wird von NEWTON (1972)
und noch von BEZZEL (1993) angeführt, scheint aber nicht zu existieren (KRÄGE-
NOW 1986). Die Art ereicht im Osten den Jenissei (GUS). Sie fehlt im Norden
Skandinaviens und auf der Kola-Halbinsel und wird dort vom Bergfinken ersetzt.
Östlich des Urals weicht die Nordgrenze nach Süden zurück. Doch hat sich in
diesem Jahrhundert eine langsame, ostwärts und nordwärts gerichtete Ausbrei-
tung feststellen lassen (Zusammenfassung bei NEWTON 1972). Eine Ausbreitung
des Buchfinken und ein gleichzeitiger Rückgang des Bergfinken ist auch für
Schwedisch-Lappland beschrieben worden (UDVARDY 1956). Die Südgrenze des
Artareals zieht durch Nordafrika, Israel, den Nordiran und verläuft durch die
Steppengebiete nördlich des Schwarzen Meeres. Ein unregelmäßig geformter
Ausläufer erreicht über den nördlichen Kaukasus Kasachstan (BEZZEL 1993).
Die Buchfinken der atlantischen Inseln unterscheiden sich von denen des
europäischen Festlands. Die Männchen sind hier unterseits blasser, oberseits
mehr bläulich gefärbt (Abb. 5) und kräftiger gebaut, haben allerdings als Stand-
vögel kürzere Flügel (GRANT 1979, 1980). Auch die Vögel der Iberischen Halbin-
sel sind von den nördlich der Pyrenäen lebenden Population verschieden. Die
Iberer haben längere Flügel und kleinere Schädelmaße als die Mitteleuropäer

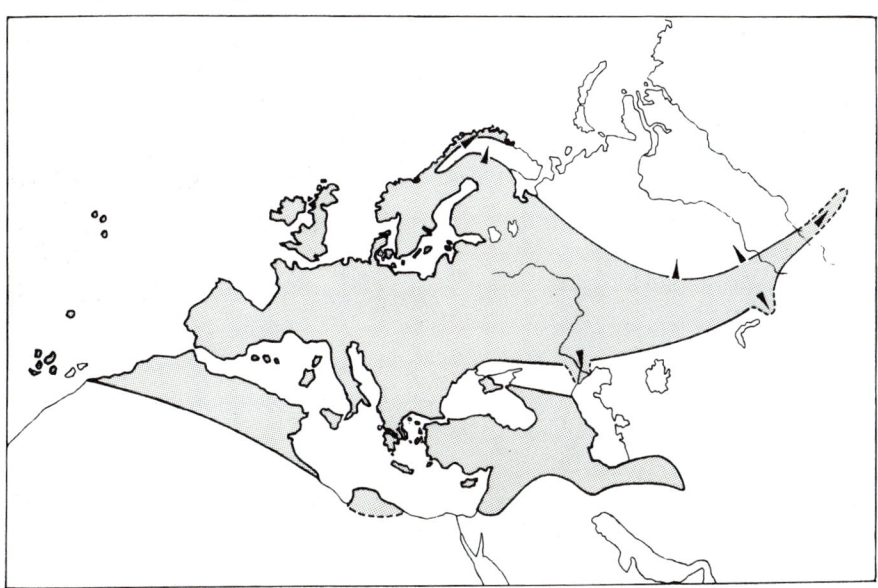

Abb. 2: Verbreitung des Buchfinken in Eurasien. Pfeile: Ausbreitungstendenzen, gestrichelt: Grenzverlauf nicht genau bekannt. Verändert aus KRÄGENOW (1986)

(BAKER 1992). Die Pyrenäen scheinen dem Genfluß zwischen den Populationen eine ebenso wirkungsvolle Schranke entgegenzusetzen wie der Atlantik, der die atlantischen Inseln vom Festland trennt. Ob die Pyrenäen auch für die Gesangs- und Regenruftraditionen (S. 50ff) eine Grenze darstellen, ist derzeit nicht bekannt, wäre aber von großem Interesse.

Buchfinken sind von Europa nach Neuseeland importiert worden und haben sich dort - auch auf benachbarte Inselgruppen - weit ausgebreitet (S. 46). In Südafrika ist eine künstliche Ansiedlung durch CECIL RHODES im Winter 1899 erfolgt, doch ist die Population auf ein Gebiet von ca. 25 Quadratkilometern in der unmittelbaren Umgebung von Kapstadt beschränkt geblieben (THORPE 1958a, BROEKHUYSEN in NEWTON 1972). In Australien ist der Versuch einer Ansiedlung des Buchfinken erfolglos verlaufen - glücklicherweise, denn Faunenverfälschungen bringen Probleme mit sich.

In den Alpen steigt der Buchfink als Brutvogel bis zur Baumgrenze hinauf. Er erreicht in der Schweiz 2300 m, in Bayern knapp 2000 m ü. NN.

Die Art ist geschlechtsdimorph, d.h. Männchen und Weibchen sehen verschieden aus. Der männliche Buchfink (Abb. 3, 10) trägt ein auffallendes buntes Kleid, das Weibchen ist dagegen grünlich-grau und schlicht (Abb. 9), hat aber die weißen Federsignale des Männchens: die weißen Schwanzkanten, das Schulterfeld und den rahmfarbenen Saum der Großen Armdecken (Abb. 6, 7), dazu

Abb. 3: Buchfinken-Männchen an der Wasserstelle. Foto R. SIEBRASSE

den moosgrünen Hinterrücken. Die Signalmuster einschließlich der Hinterrük-
kenfärbung können durch Federhaltung verborgen werden. Die weißen Keil-
flecke beschränken sich in der Regel auf die beiden äußeren Schwanzfeder-
paare, erreichen aber nicht ganz selten auch das nächstinnere (das vierte von
innen). Dies war bei Männchen mit 38 % (n = 70) häufiger der Fall als bei
Weibchen (5,8 %, n = 37; NIETHAMMER 1962). Der Schnabel ist beim Männchen
zur Fortpflanzungszeit stahlblau, im Ruhekleid graurötlich, jeweils mit schwarzen
Kanten und schwarzer Spitze (Abb. 10). Durch Testosteroninjektion läßt er sich
schon vorzeitig zur Blaufärbung veranlassen; eine entsprechende Wirkung mit
demselben Hormon kann man sogar bei den Weibchen erzielen (POULSEN 1951).
Die androgenen Hormone steuern also die Schnabelfärbung.
   Da in Nordeuropa und Teilen Mitteleuropas vorwiegend die Männchen überwintern, die Weibchen aber wegziehen (S. 119), hat LINNÉ (1758) für die Art den
Namen *F. coelebs* verwendet, d.h. der im Zölibat lebende Fink. Unerwarteter-
weise haben die Weibchen nicht etwa in Anpassung an ihr stärker ausgeprägtes
Zugverhalten spitzere oder relativ längere Flügel entwickelt als die Männchen;
die Verhältnisse sind umgekehrt. MLIKOVSKY (1982) hat an 38 in Böhmen gefangenen adulten Männchen eine mittlere Flügellänge von 89 mm, bei 36 adulten
Weibchen eine solche von 84 mm festgestellt. Die Mittelwerte waren signifikant
verschieden. Auch waren die Flügel der Männchen spitzer und stärker asymme-

Abb. 4: Der Teidefink (*Fringilla teyda*) bewohnt die Kanarenkieferwälder auf Teneriffa und Gran Canaria. Hier ein Männchen. Foto Verf.

Abb. 5: Die Buchfinken der Kanarischen Inseln gehören endemischen Unterarten an. Dieses Männchen von El Hierro zeichnet sich durch intensive blaue Oberseitenfärbung aus. Foto B. Schottler & F. Henning

Abb. 6:
Flugbild des Buchfinken
von oben. Aus BEAUFORT &
TINBERGEN (1946)

trisch geformt. Die mittleren Flügellängen der Männchen für Mitteleuropa liegen meist ebenfalls bei 89 mm, für Weibchen bei 83 mm. Meßdaten verschiedener Autoren hat KRÄGENOW (1986) zusammengestellt.

Als bei einer Vergiftungsaktion bei Frankfurt/Nuhnen im April 1964 einige hundert Buchfinken zu Tode kamen, stellte HAENSEL (1967) an ihnen folgendes fest: Die als nordische Durchzügler angesehenen Vögel waren insgesamt zwar kleiner als die Mitteleuropäer, hatten aber längere Flügel. Das paßt zu ihrem ausgeprägten Zugverhalten.

Neben dem deutlichen Geschlechtsdimorphismus verfügen Buchfinken auch über einen stark entwickelten Geschlechtsdiethismus, d.h. Geschlechterunterschiede im Verhalten. Das zeigt sich zu allererst in den Lautäußerungen (S. 26ff). Zudem nehmen die Männchen die meiste Zeit des Jahres eine höhere Rangposition ein als die Weibchen. Dabei wirkt vor allem die rötliche Färbung der Unterseite bei den Männchen als Rangabzeichen (MARLER 1956a). Während der

_____

➤

Abb. 7: Gefieder eines Buchfinkenmännchens als Blatt einer Federsammlung. Die Handschwingen (HS) sind von innen nach außen, die Armschwingen (AS) von außen nach innen numeriert. Die 10. Handschwinge ist nur als Rudiment entwickelt. Die Steuerfedern sind entsprechend dem Mausermodus von innen nach außen numeriert. Die beiden äußeren tragen einen weißen Keilfleck, Nummer 4 ein Rudiment eines solchen Flecks. OHD Obere Handdecken, GAD Große Armdecken, OSD Oberschwanzdecken, USD Unterschwanzdecken. Die runden Enden der Steuerfedern zeigen, daß es sich um einen Vogel handelt, der älter als vorjährig ist. Retuschierte Fotokopie des Sammlungsblattes, Original.

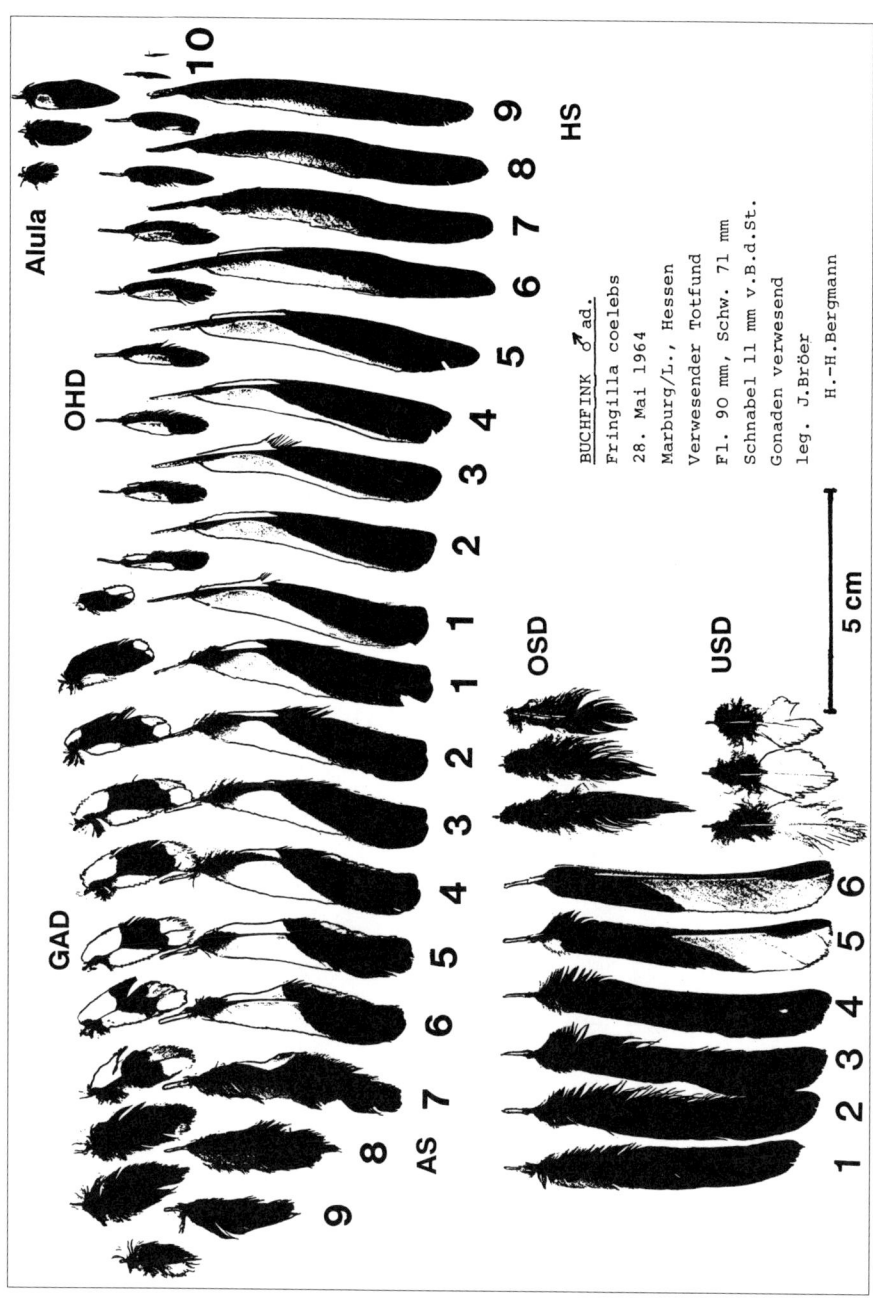

BUCHFINK ♂ ad.
Fringilla coelebs
28. Mai 1964
Marburg/L., Hessen
Verwesender Totfund
Fl. 90 mm, Schw. 71 mm
Schnabel 11 mm v.B.d.St.
Gonaden verwesend
leg. J.Bröer
          H.-H.Bergmann

5 cm

Brutzeit kommt es zu einer vorübergehenden Dominanzumkehr (HINDE 1953). Die Weibchen sind den Männchen dann gleichrangig oder sogar überlegen (MARLER 1956a).

Buchfinken gehen im Frühjahr eine Saisonehe ein und ziehen im gemeinsamen Revier ihre Jungen groß. Selten treten Individuen mit Weibchenkleid auf, die sich wie Männchen verhalten, d.h. singen und mit einem Weibchen verpaart sind (MARJAKANGAS 1981).

Die Jungvögel beiderlei Geschlechts sehen vor der ersten Teilmauser (s.S. 127) den Weibchen ähnlich (Abb. 53). Vorjährige Männchen kann man am etwas kürzeren Schwanz und an den unvermauserten, mehr grau statt schwarz gefärbten Handdecken und Alulae des Flügels von mehrjährigen, bis in das Frühjahr hinein auch an den mehr zugespitzten Steuerfedern unterscheiden (Abb. 8; vgl. SVENSSON 1970). Diese Kriterien sind aber vornehmlich oder ausschließlich nur dann anwendbar, wenn man den Vogel in der Hand hält.

Eine Vollmauser (S. 125ff) im Spätsommer erneuert beim Altvogel das gesamte Gefieder. Der Übergang vom Ruhekleid zum Prachtkleid des Männchens tritt dagegen über den Winter hin durch Abrieb der Federspitzen ein (STRESEMANN 1927-34).

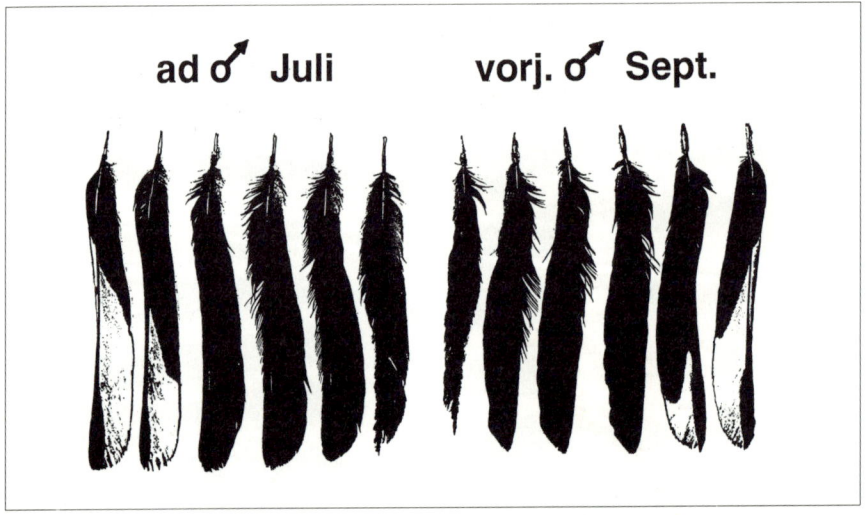

Abb. 8: Steuerfedern männlicher Buchfinken. Links adult, Juli; rechts vorjährig, September. Man achte auf die Zuspitzung der Steuerfederenden beim vorjährigen Jungvogel im Vergleich zu den gerundeten Formen beim Altvogel. In beiden Fällen sind die als Schirmfedern wirkenden mittleren Steuerfedern stark abgenutzt. Original.

Abb. 9: Das Buchfinken-Weibchen ist schlicht grau-oliv gefärbt, trägt aber die weißen Federsignale wie das Männchen. Foto Verf.

Abb. 10:
Der männliche Buchfink hat zur Brut-zeit einen stahlblauen Schnabel mit schwarzem Saum und schwarzer Spitze. Das Prachtkleid kommt durch Federabrieb zustande.
Foto Verf.

2 Das Verhalten - Schaltglied zwischen Gestalt und Umwelt

Das Verhalten des Buchfinken ist vielgestaltig und gut erforscht. Die Verhaltensweisen eines Vogels lassen sich nach verschiedenen Kriterien ordnen, z.B. in Sozial- und Individualverhalten oder nach Funktionskreisen (s. BERGMANN 1987). Verhalten macht die gestaltlichen Merkmale eines Vogels in vieler Hinsicht erst funktionell. Über das Verhalten tritt ein Vogel in Beziehung zu sich selbst (Komfortverhalten), zu seiner sozialen Umwelt und zu seiner nicht-sozialen Umwelt.

Im folgenden schließt sich eine kurze Beschreibung der Funktionskreise Lokomotion und Komfortverhalten an, danach folgt eine ausführliche Darstellung des akustischen Verhaltens, d.h. der Gesänge und Rufe. In den Kapiteln zur Ökologie wird auf die Kenntnis der Verhaltensweisen zurückgegriffen. Die Besprechung der meisten Verhaltensbereiche ist den entsprechenden Ökologie-Abschnitten direkt zugeordnet worden: Das Kampfverhalten wird im Kapitel 9 im Zusammenhang mit der Revierabgrenzung beschrieben, die Formen des Nahrungserwerbs im Kapitel 12 ,,Nahrungserwerb und Ernährung", und das Feindverhalten im Kapitel 13 ,,Feindverhalten und Feinde ". Entsprechendes gilt auch sonst.

2.1 Fliegen, Hüpfen, Laufen: die Fortbewegung

Der Streckenflug des Buchfinken (Abb. 68) ist wie bei anderen Finkenvögeln ein Bogenflug: Auf eine Phase mit aktiven Flügelschlägen, während der der Vogel aufsteigt, folgt eine Phase, während der er mit angelegten Flügeln absinkend wie ein Bolzen durch die Luft schießt. Auf dem Zug erreichen Buchfinken dabei eine Fluggeschwindigkeit, die von THIENEMANN (1928) mit 14,6 m/s oder 52,5 km/h gemessen wurde. Wir können mit Zuggeschwindigkeiten zwischen 40 und 60 km/h rechnen (BEZZEL 1993). Buchfinken fliegen aber auch kontinuierlich: Sie können beim Kampf, beim Fangflug oder vor der Landung schwirrend auf der Stelle stehen oder im Schauflug bei der Reviermarkierung horizontal geradeaus fliegen, wobei zuweilen auch Fluggesang produziert wird (S. 26). Die Bereitschaft zum Abflug läßt sich an der geduckten Haltung, an zuckenden Schwanzbewegungen sowie an den Flugrufen ablesen, die sich vor dem Start verdichten. Auch während des Fluges hört man diese Flugrufe (s.S. 60).

Ziehende Buchfinken fliegen langsamer als Bergfinken. Einzelne Buchfinken sind daher selten in Bergfinkentrupps anzutreffen. Das Umgekehrte gilt eher. Buchfinken sind vielerorts die häufigsten Tagzügler. Man kann sie recht gut am Flügelspiegel und dem kaum ausgebuchteten, eher gerade abgeschnitten wirkenden Schwanz erkennen. Auch die Flugrufe (S. 60) sind arttypisch. Die Vögel ziehen in kleineren Gruppen oder in lockeren Trupps, zuweilen bei Massenzug ,,von Horizont zu Horizont''. An Pässen verdichten sie sich zu Bändern (GATTER 1976). In Mitteleuropa kann man durchziehende Vögel recht gut von ansässigen unterscheiden. Ende Februar/Anfang März haben viele Buchfinken hierzulande schon Reviere besetzt und beginnen zu singen. Die Durchzügler treten dann als unstete, eng geschlossene Gruppen auf und singen nicht.

Durch die hüpfende Fortbewegung am Boden zeichnen sich Amseln schon von weitem vor Staren aus, die kontinuierlich schreiten oder laufen. Buchfinken tun meist beides zugleich. Ihre normale Fortbewegung am Boden ist meist ein merkwürdig hüpfendes Laufen. Dabei vollführt der Kopf entgegengesetzte Ausgleichs- und Nachziehbewegungen, so daß das Sehfeld möglichst konstantgehalten wird. Regelrechtes Laufen zeigen die Vögel manchmal auf Ästen, aber auch anderswo, z.B. bei der Werbung. Jungvögel können auch hüpfen (MARLER 1956 a). Altvögel tun dies, wenn sie am Boden eine Strecke schnell zurücklegen wollen, ohne dabei zu fliegen. Buchfinken nehmen mit ihrem ungleichmäßigen Laufhüpfen eine Zwitterstellung zwischen baumbewohnenden Hüpfvögeln und bodenbewohnenden Laufvögeln ein. Ein echter Bodenvogel wie ein Regenpfeifer zeigt nicht ständige Ausgleichsbewegungen mit dem Kopf. Krähen können gut laufen, bei großer Eile hüpfen sie, dazwischen verfügen auch sie über ein linkisch wirkendes Hüpflaufen. Nur während des regulären Laufens machen sie Nickbewegungen mit dem Kopf.

Bei großer Kälte ziehen Buchfinken wie viele andere Vögel ein Bein ins Bauchgefieder ein und hüpfen dann u.U. nur auf einem Bein umher (LÖHRL 1985).

2.2 Komfortverhalten - Mußestunden zur Körperpflege

Wenn Vögel hungrig oder durstig sind, wenn sie balzen oder flüchten, kümmern sie sich nicht um Dinge wie die Gefiederpflege. Hierfür nehmen sie sich dann

Zeit, wenn sie Ruhe haben. Zum Komfortverhalten (Abb. 11) gehören die Streckbewegungen, die Formen des Ruhens und die mit der Pflege der Körperoberfläche verbundenen Verhaltensweisen einschließlich des Badens. Unter den Streckbewegungen unterscheiden wir Schnabelstrecken (Gähnen, Abb. 11 a), das einseitige Strecken von Flügel, Fuß und gleichseitiger Schwanzhälfte sowie beidseitiges Strecken der Flügel nach oben. Selten ist beidseitiges Flügelstrecken nach unten, verbunden mit Beinstrecken.

Beim Ruhen und Schlafen steckt der Kopf im Rückengefieder, das Kleingefieder ist stark gesträubt, die weißen Gefiedersignale sind verborgen. Als Schlafen kann dieses Verhalten dann aufgefaßt werden, wenn die Augen geschlossen sind. MEBES (1981) hat eine Schlafstellung mit normal gehaltenem aber eingezogenem Kopf beschrieben.

Während der Gefiederpflege werden die Federn des Groß- und Kleingefieders (außer am Kopf und in der oberen Halsregion) mit dem Schnabel beknabbert (Abb. 11 b) oder durch den Schnabel gezogen (Abb. 11 c). Hierbei wird auch das Sekret der Bürzeldrüse im Gefieder verteilt, das die Federstruktur elastisch hält. Der Kopf wird am Rückengefieder gerieben. Auch Zehen und Tarsen werden gelegentlich beknabbert.

Die dem Schnabel nicht zugänglichen Stellen der Kopfregion werden durch Sichkratzen mit dem rechten oder linken Fuß erreicht. Dieser wird dabei wie bei den meisten Singvögeln über den Flügel hinweggeführt (Abb. 11 d). HALL-CRAGGS (1977) beobachtete am Futterplatz ein Buchfinken-Weibchen, dem der rechte Fuß fehlte. Es stützte sich auf den Stumpf des rechten Laufes und auf den rechten Flügel, um sich mit dem linken Fuß am Kopf zu kratzen - und zwar vornherum! Das zeigt, wie plastisch das Verhalten sein kann und wieviel Ungelegenheiten so ein Vogel notfalls auf sich nimmt, um es auszuführen. Ein von uns beobachtetes Buchfinken-Männchen mit verletztem Bein kratzte sich überhaupt nicht, und sein Gefieder wirkte ungepflegt.

Unter den Schüttelbewegungen werden Kopfschütteln, Körperschütteln und Schwanzschütteln unterschieden. Bei dem sehr häufigen Schnabelwischen (Abb. 11 e) wird der geschlossene oder geöffnete Schnabel seitlich über den Ast geführt, auf dem der Vogel sitzt. Diese Bewegung tritt oft auch im Übersprung auf (MARLER 1956a).

Beim Sonnenbaden sitzt der Vogel entspannt in der Sonne, das Kleingefieder ist aufgeplustert, die Flügel können hängen, der Schwanz gespreizt sein. Oft wendet der Vogel die eine Seite mit angehobenem Flügel der Sonneneinstrahlung zu. Das Baden im Wasser ist wie bei anderen Vögeln ein kompliziertes Geschehen mit vielen Bewegungskomponenten und abschließenden Schüttelbewegungen und Gefiederpflege. Buchfinken baden nicht in Sand oder Staub. Über das Einziehen eines Beines bei großer Kälte ist oben berichtet worden. Dazu gehört ein starkes Aufplustern des Gefieders. Wenn sie bei großer Hitze der Sonne ausgesetzt sind, neigen die Vögel dazu, mit offenem Schnabel zu hecheln.

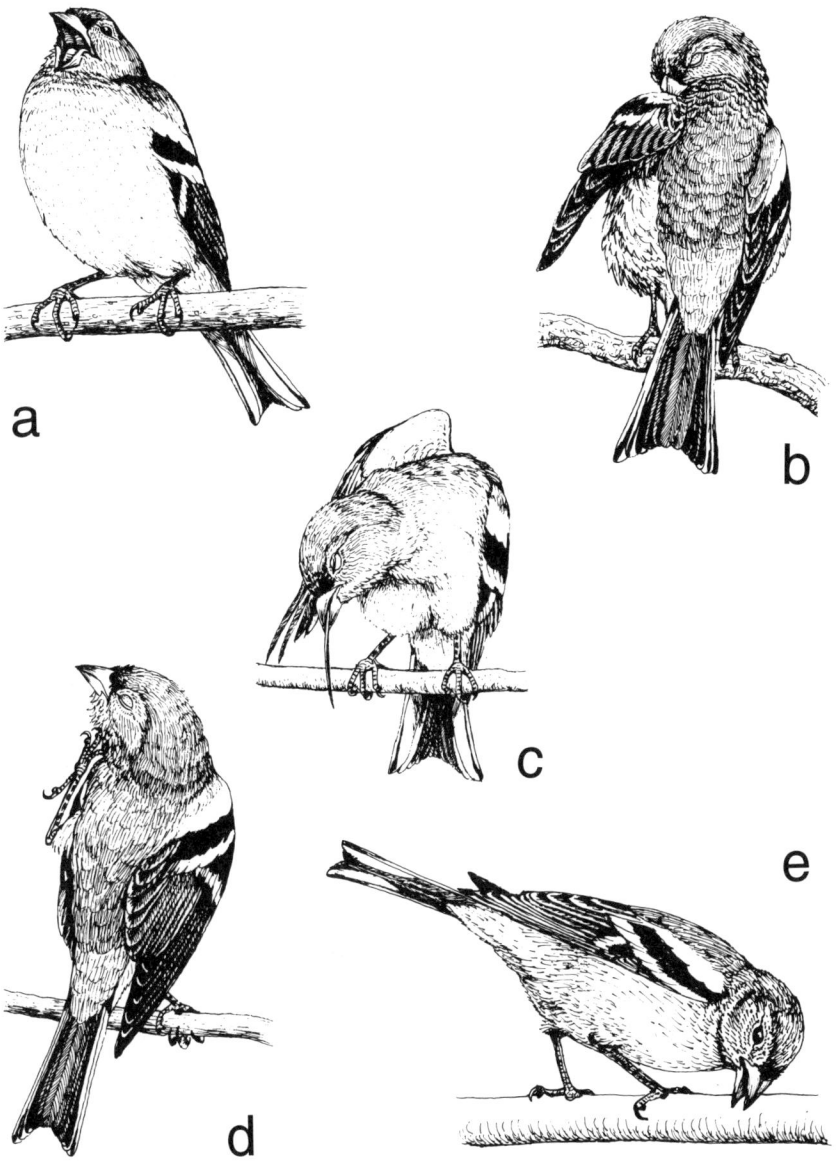

Abb. 11: Komfortverhaltensweisen von Buchfinken. **a** Gähnen, **b** Beknabbern des Gefieders, **c** Durchziehen einer Handschwinge durch den Schnabel, **d** Sichkratzen über dem Flügel, **e** Schnabelwischen. Zeichnungen F. MÜLLER nach Fotos des Verf.

Buchfinken sind auch dabei beobachtet worden, wie sie ihr Gefieder mit dem Abwehrstoff der Ameisen behandeln. Man nennt diese Verhaltensweise Einemsen. HUTH (1951) beschreibt, wie ein männlicher Buchfink einzelne Ameisen mit dem Schnabel ergriff und sie hastig an der Innenseite der angehobenen Flügel entlangführte. Danach schleuderte er das Insekt fort. Er hatte es wie eine lebende Spraydose als Werkzeug verwendet, um sich das Gefieder mit dem Sekret einzusprühen.

Einige Komfortverhaltensweisen treten häufig im Übersprung auf, d. h. dann, wenn zwei andere Verhaltenstendenzen wie Flucht und Angriff gleichzeitig aktiviert sind bzw. wenn ein Verhaltensablauf abgebrochen wird und ein Konflikt entsteht. Dann wirkt das Verhalten oft unvollständig, übertrieben bzw. zwanghaft. Es wird teilweise allerdings auch durch eigenständige (autochthone) Reizsituationen und nicht nur durch den Konflikt beeinflußt (FRASER ROWELL 1961).

3 Ausdrucksverhalten: Kommunikation zwischen Buchfinken

3.1 Gebrauchshandlungen und Ausdruck

Die Gebrauchshandlungen dienen dazu, die Beziehung des Vogels zu seiner nicht-sozialen Umwelt oder zum eigenen Körper zu regeln. Zu ihnen gehören vor allem die Lokomotion, die Komfortverhaltensweisen und der Nahrungserwerb. Dem steht das Ausdrucksverhalten gegenüber, mit dessen Hilfe die sozialen Beziehungen zu Artgenossen, in manchen Fällen auch zu Artfremden gestaltet werden. Dabei ist Kommunikation notwendig: Das Verhalten eines Empfängers ändert sich unter der Wirkung eines Signals (vgl. BERGMANN 1987).

Signale können wenn nötig auch unterdrückt werden. Buchfinken verbergen, wenn sie schlafen oder sich tarnen, ja sogar zuweilen beim Singen, ihre weißen Flügel- und Schwanzsignale völlig. Bei territorialen Auseinandersetzungen und bei der Werbung dagegen werden die Schulter- und Flügelfelder auffallend demonstriert (Abb. 42 c-f). Ausdrucksverhalten spielt in folgenden Funktionsbereichen eine Rolle: bei Aggression und Flucht (= agonistisches Verhalten), insbesondere beim Revierverhalten oder bei Rangkämpfen (s.S. 71), beim epigamen Verhalten (Balz, s.S. 83ff) sowie in den Verhaltensbeziehungen zwischen Eltern und Jungvögeln (s.S. 96ff).

Kommunikation funktioniert nur auf begrenzte Entfernung. Doch darf die Entfernung zwischen Individuen auch nicht ohne weiteres unterschritten werden. Jeder Buchfink umgibt sich ganzjährig mit einem kleinen, beweglichen und verteidigten Raum, der **Individualdistanz**. Wenn man diese als diejenige Entfernung definiert, in der in 50 % der Fälle ein Eindringling angegriffen und verjagt wird, so beläuft sie sich unter Buchfinken-Männchen auf 18-25 cm, unter Weibchen auf 7-12 cm und zwischen Männchen und Weibchen auf 8-12 cm (MARLER 1956c). Bei der Begattung wird diese Distanz unterschritten (S. 85).

3.2 Der Vollgesang, der „Schlag" des Buchfinken

Zu den wichtigsten Signalen der innerartlichen Kommunikation gehören die Lautäußerungen. Sie sind beim Buchfinken eingehend untersucht worden. Viele der Untersuchungsergebnisse sind von grundsätzlicher Bedeutung. Sie verdienen daher eine eingehende Darstellung. Die Laute lassen sich in Gesänge (Jugendgesang, Subsong, Vollgesang, vgl. BERGMANN & HELB 1982), Rufe (S. 61ff) und Instrumentallaute (S. 64) aufteilen.

Buchfinkengesang ist für viele Menschen seit jeher eine vertraute Naturerscheinung. Hielte man einen singenden Buchfinken in der Stube, könnte der metronomhafte, durchdringend laute Gesang allerdings auch zur Nervensäge werden. Manche haben ihn sich zum Hobby gemacht: Es gibt Vereine und Verbände, deren Mitglieder („Finker") Buchfinken halten und sie bei Wettsingen auftreten lassen (S. 47ff). Schließlich ist der Gesang des Buchfinken in der ethologischen Forschung ein berühmtes und gut untersuchtes Beispiel für nachahmendes und prägungsartiges Lernen.

Der Vollgesang des Buchfinken ist jahreszeitlich und tageszeitlich klar eingenischt. Er hat einen bestimmten Aufbau (Abb. 12). Er wird während der Fortpflanzungszeit zur Reviermarkierung (S. 67ff) meist von einer Warte aus, seltener vom Boden vorgetragen. Relativ selten singen Buchfinken auch im Flug. Bei hoher Erregung produzieren sie einen schwirrenden, relativ langsamen und meist horizontalen Schauflug von Warte zu Warte und singen dabei eine normale Strophe (WILLER 1965).

3.2.1 Phrasen und Schnörkel: Aufbau des Vollgesangs

Der Vollgesang des Buchfinken läuft nicht kontinuierlich ab wie z.B. der der Feldlerche (*Alauda arvensis*) oder des Sumpfrohrsängers (*Acrocephalus palustris*). Er besteht aus **Strophen** von etwa 2,5 s (1,5 bis 3s) Dauer (Abb. 12), die durch Intervalle klar gegeneinander abgesetzt sind (Terminologie nach BERGMANN & HELB 1982 sowie BERGMANN 1987). An eine Strophenfolge (Strophenschub) schließt sich eine längere Pause an. Eine Strophenfolge kann aus mehreren Strophenserien bestehen (s.u.).

Die Strophe setzt sich aus **Elementen** zusammen (Abb. 12 d). Ein Element ist die kleinste im Sonagramm als kontinuierlich erkennbare Einheit von Lautäußerungen. Die Elemente können noch Untereinheiten aufweisen. Der vordere Teil der Buchfinkenstrophe besteht aus zwei bis vier (im Extrem sechs) Folgen jeweils gleichartiger Elemente, die wir **Phrasen** nennen. Sie können für unser Gehör ganz unterschiedliche Klangqualität (zwitschernd, schwirrend, klingelnd, ratternd u.a.) annehmen. Zwischen die Phrasen können einzeln stehende Übergangselemente eingeschaltet sein. In der Tonhöhe fallen Buchfinkenstrophen im allgemeinen von Phrase zu Phrase ab. Sie beginnen meist hoch und leise, werden

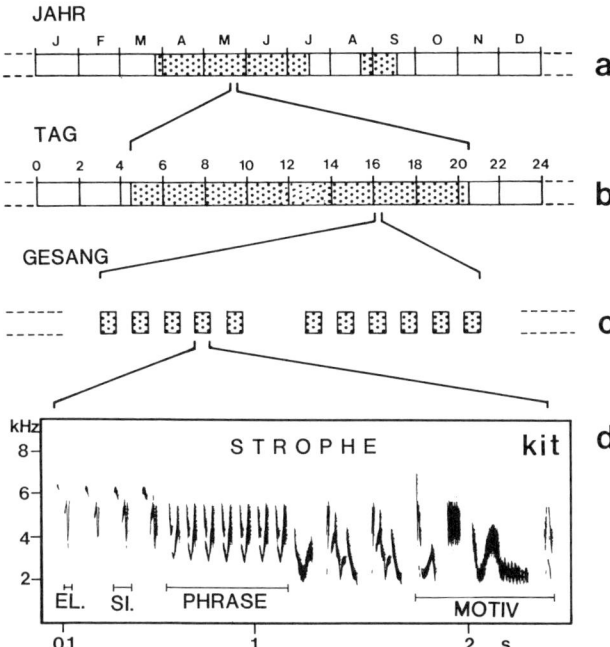

Abb. 12: Zeitliche Zuordnung und Struktur einer Vollgesangs-Strophe des Buchfinken. Aus BERGMANN & HELB (1982)

dann tiefer und lauter. Am Ende der vollständigen Strophe steht ein **Endschnörkel**, der aus verschiedenen meist nicht wiederholten Elementen zusammengesetzt ist und ein für unser Ohr oft besonders eingängiges Motiv bildet. Phrasenteil und Endschnörkel variieren unabhängig voneinander: Unterschiedliche Phrasenfolgen können mit demselben Endschnörkel abschließen (CONRADS 1979). Der Endschnörkel variiert stark innerhalb der Populationen und teilweise auch zwischen ihnen und läßt sich auf verschiedenste Weise verbal umschreiben. Er spielt die Hauptrolle bei der Bewertung von Buchfinkenstrophen durch die Finker (S. 48). Der Endschnörkel scheint andere Information zu enthalten als die vorangehenden phrasierten Teile (KUTSCHER unveröff.). Im Freilandexperiment erhielt BRÉMOND (1972) auf Vorspiel von Endschnörkeln eine viel geringere territoriale Reaktion von Buchfinken als auf Phrasen.

An die Stelle des Gesangs kann vor der Begattung ein hartes Schnarren (Abb. 17) treten (BERNDT 1940), wahrscheinlich dasselbe, das man im Subsong im frühen Frühjahr hört.

3.2.2 Strophentypen

Buchfinkenmännchen singen in aller Regel nicht nur einen Strophentyp, sondern deren mehrere. Ihre Zahl schwankt zwischen 1 und 6 (MARLER 1956a, SLATER 1983a; bis zu 7 bei Kanarischen Buchfinken, SLATER & SELLAR 1986). In einer Strophenfolge wechseln häufig die Strophentypen: Nach einer **Strophenserie** des einen Typs folgt eine solche eines anderen Typs. Der Strophentypwechsel ist oft regelhaft, z.B. ABCDABCDAB... (SLATER 1983a, HANSEN 1981), so daß der singende Vogel sich zyklisch durch sein Repertoire bewegt. Die Strophentypen sind nicht gleich häufig. Bei einem Männchen, von dem HANSEN (1981) etwa 7000 Strophen registrierte, verhielt sich die Häufigkeit der drei gesungenen Strophentypen wie 3:1:2. Solch ein Männchen hat also eine Lieblingsstrophe, die hier mit 50 % beteiligt war. Die Anzahl der Strophen pro Serie variierte ebenfalls. A wurde durchschnittlich 4,6 mal, B 1,7 mal und C 3,3 mal wiederholt. Je schneller der Buchfink sang (Strophen pro Minute), desto länger wurden seine Serien. Der mengenmäßige Anteil der Strophentypen kann von Vogel zu Vogel in weiten Grenzen schwanken. Ein Männchen sang unter 334 Strophen nur eine einzige eines zweiten Typs (THÖLE 1982). Der Anteil der Strophentypen kann jedoch über die Saison hin bei Altvögeln relativ konstant bleiben (NÜRNBERGER et al. 1989).

Spielt man einem Buchfinken verschiedene Strophentypen vor, so sind es die eigenen, die bei ihm die stärkste gesangliche Reaktion auslösen (KLING & STEVENSON-HINDE 1977). Auch steigert er den Anteil des vorgespielten Strophentyps in seinem eigenen aktuellen Repertoire bei solcher Gelegenheit (HINDE 1958). Auf diese Weise erreicht er ein verbessertes ,,song matching'', d.h. eine Übereinstimmung von Strophentypen mit seinen Nachbarn (S. 32).

Welche Bedeutung hat das Strophenrepertoire?

KREBS (1977) hat die Vermutung geäußert, daß der Sänger einem möglichen Eindringling eine höhere Siedlungsdichte vortäuscht, indem er verschiedene Strophentypen im Wechsel singt. Er nannte dies die Beau Geste-Hypothese, in Anlehnung an einen gleichnamigen Roman, in dem bei der Verteidigung einer Festung auch tote Soldaten als scheinbare Verteidiger in den Schießscharten postiert wurden. Wenn die Vögel nach dieser kognitiven Hypothese vorgehen, sollten sie zugleich mit dem Wechsel ihrer Singwarte auch den Strophentyp wechseln. Für diese und für einige andere damit verbundene Forderungen ließen sich aber keine empirischen Belege finden (DAWSON & JENKINS 1983).

Es genügt daher eine einfachere Annahme, die Anti-Gewöhnungs-Hypothese. An einen monoton wiederholten Reiz, auch ein Signal der innerartlichen Kommunikation, gewöhnt sich ein Empfänger relativ rasch, d.h. er reagiert nicht mehr darauf (Übersicht bei BUCHHOLTZ 1973, BERGMANN 1987). Buchfinken gewöhnen sich sogar an arteigene Alarmrufe, wenn diese nur immer gleichförmig wiederholt und nicht von dem Auftauchen eines Feindes begleitet werden (ZUCCHI 1979 a,b; S. 109). Solcher Gewöhnung wirkt auch der unregelmäßige Wechsel der Strophentypen entgegen.

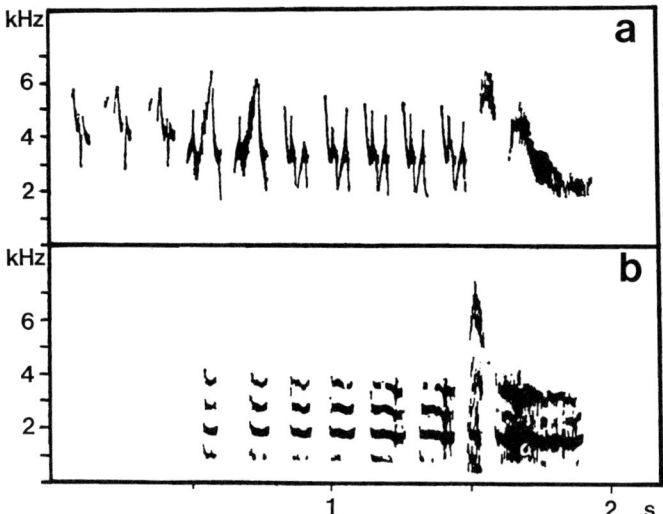

Abb. 13: Gesang eines Buchfinken vor (a) und nach (b) der Durchschneidung des linken Nervus hypoglossus (nach NOTTEBOHM 1970)

Gewöhnung ist allerdings auch die Basis individuellen Erkennens. Wenn man sich nicht an den Gesang eines Nachbarn gewöhnen kann, erkennt man ihn auch nicht. PICKSTOCK & KREBS (1980) haben in Freilandexperimenten gezeigt, daß nur ein schwacher Unterschied in der Reaktion von Buchfinkenmännchen auf Nachbarn- und Fremdgesang besteht. Das ist anders bei Arten, bei denen jedes Individuum nur einen einzigen individuellen Strophentyp beherrscht. Bei „einschallig" singenden Buchfinken - solchen, die nur einen Strophentyp beherrschen - müßte individuelles Erkennen leichter erreichbar sein.

3.2.3 Steuerung durch das Gehirn: Lateralisierung

Die Singvogelsyrinx besteht aus zwei Hälften, die unabhängig voneinander gesteuert werden können. Vögel können also zweistimmig singen. NOTTEBOHM (1971) hat bei Buchfinken durch gezielte Experimente festgestellt, daß die linke Häfte der Syrinx viel mehr zum Gesang beiträgt als die rechte. Jede Hälfte wird von einem Sproß des 12. Gehirnnerven (Nervus hypoglossus) innerviert. Durchschneidet man beide Zuführungen, so wird der Vogel stumm. Durchtrennt man nur die Innervation der rechten Hälfte, so bleibt die Gesangsstrophe bis auf Kleinigkeiten erhalten. Durchtrennt man allerdings die linke Zuführung, hat das starke und nachhaltige Effekte (Abb. 13 b). Die linke Gehirnhälfte mit den entsprechenden Nervenfasern ist also für die Produktion des größten Teils der

Gesangsstrophe verantwortlich (neurale Lateralisierung). Nur wenn das einseitige Durchtrennen schon früh, vor oder während der plastischen Phase der jugendlichen Gesangsentwicklung (S. 35) durchgeführt wird, kann es durch neurale Plastizität teilweise ausgeglichen werden (NOTTEBOHM 1971).

3.2.4　Song matching

Buchfinken-Männchen neigen in gewissem Maß dazu, übereinstimmende Strophen mit Nachbarn zu singen (,,song matching" ; SLATER 1983). Dahinter steckt wahrscheinlich die Tatsache, daß bei jedem Vogel der selbst gesungene Gesang am wirkungsvollsten ist. Ein Revierinhaber erzielt bei einem Nachbarn eine höhere Wirkung, wenn sein Gesang mit dem des Konkurrenten übereinstimmt. Doch kommt es nicht zu einem Kontergesang in dem Sinn, daß der eine Buchfink direkt auf die Strophe des anderen antwortet. Jeder hat seinen eigenen Rhythmus, und der schnellere überholt den langsameren von Zeit zu Zeit (vgl. HINDE 1958).

3.2.5　Wenn der Strophe das Licht ausgeht: das Endelement

Ganz am Ende des Endschnörkels steht oft ein kurzes Element, das ,,Lichtausblasen" oder der Schnapper (RAUSCH 1900). Es ist von THIELCKE (1962) aufgrund struktureller Übereinstimmung im Sonagramm als Fremdimitation erkannt worden. In Mitteleuropa ist meist der ,,kix"-Ruf des Buntspechts (*Dendrocopos major*) das Vorbild (Abb. 14 a). Doch verfügen über ihn anscheinend nur etwa 50% der Sänger (RAUSCH 1900). Die Häufigkeit dieses Elements scheint geographisch zu variieren. Fehlt es weitgehend in der Kieler Umgebung, so nimmt der Prozentsatz der ,,kix"-Sänger nach Südosten hin im Holsteinischen auf über 50% zu (R. K. BERNDT, briefl.). Manche Individuen oder Populationen haben an dieser Stelle in der Strophe auch andere Vorbilder übernommen, z. B. in Südosteuropa den Ruf des östlichen Berglaubsängers (*Phylloscopus bonelli orientalis*, HELB et al. 1982, Abb. 14 b). FOUARGE (1974) hörte am Ende einer Buchfinkenstrophe einen Bachstelzenruf. Von der griechischen Insel Rhodos liegen Aufnahmen mit einem ,,hüit" am Strophenschluß vor (K.-G. HELLER), vom Gschneiertal in Südtirol solche mit einem ,,zilip" (H. AUZINGER). Beide erinnern an Regenrufe. Ein bei Osnabrück singender Buchfink ergänzte seine auffallend kurze Strophe häufig durch einen an den Endschnörkel angehängten Regenruf vom Typ ,,dschäd" (eig. Beob.). Ein Buchfink am Dümmer (Niedersachsen) hängte an das ,,kix" zusätzlich ein Sperlings-Tschilpen an. Auf jeden Fall scheint die Position am Ende der Buchfinkenstrophe noch stärker als die anderen Teile für Variation und Fremdimitationen offen zu sein (s. S. 40ff).

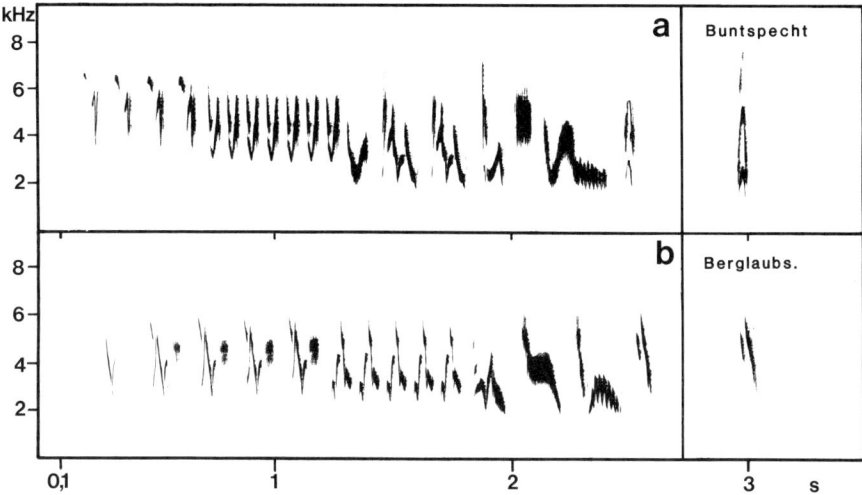

Abb. 14: Der Schnapper am Ende der Buchfinkenstrophe. **a** Buntspecht-„kix" und Artvorbild. **b** Ruf des östlichen Berglaubsängers und Artvorbild. Aus BERGMANN (1987)

3.2.6 Die Strophe endet vorzeitig: Strophenabbruch

Buchfinken neigen dazu, unter bestimmten äußeren und inneren Bedingungen ihre Strophen nicht vollständig zu singen, sondern vom Ende her abzubrechen. Dabei können der Strophe nur das letzte Element des Endschnörkels, der ganze Endschnörkel oder auch Teile der Phrasen fehlen (Abb. 15). Es gibt offenbar keine bevorzugte Abbruchstelle (Abb. 16). Die Strophe kann nach jedem Element abgebrochen werden. Die kürzesten Strophen bestehen nur aus einem oder wenigen Elementen der ersten Phrase. Jahreszeitlich findet man abgebrochene Strophen vorwiegend im zeitigen Frühjahr und am Ende der Gesangsperiode (Abb. 45, S. 86).

Der Anteil unvollständiger Strophen pro Tag in einer Stichprobe aus Niedersachsen schwankte zwischen 5,6 und 65,8 % (BERGMANN, unveröff.). Ein mit Sender versehenes, wohl erkranktes Männchen, dessen Weibchen kurz vor der Eiablage stand, sang gegen 95 % seiner Strophen unvollständig. Das Singen unvollständiger Strophen ist oft an geringe Gesangsaktivität oder Störungssituationen gebunden (S. 69). Verkürzte Strophen ziehen allerdings auch kürzere Intervalle nach sich, so daß u. U. Vögel mit kurzen Strophentypen oder solche, die ihre Strophen häufig abbrechen, besonders viele Strophen pro Zeiteinheit produzieren. Vielleicht handeln sie nach dem Prinzip, ein bestimmtes Soll an Gesang pro Zeiteinheit hervorzubringen.

In der aktuellen Situation reagieren singende Buchfinkenmännchen auf vielerlei Außenreize mit Strophenabbruch, insbesondere auf Störungen. Als Beobachter kann man dieses Phänomen in manchen Fällen durch vorsichtige

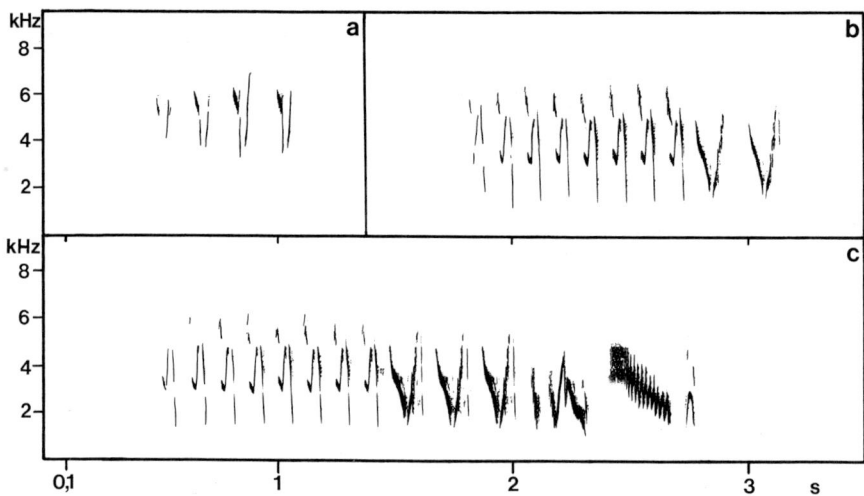

Abb. 15: Zwei unterschiedlich abgebrochene und eine vollständige Strophe desselben Buchfinken (mit „kix" am Ende). a und b gehören zu verschiedenen Strophentypen. 13.6.1971, Mellnau bei Marburg/L., Original

Annäherung auslösen. Zieht man sich zurück, werden die Strophen wieder zunehmend vollständig. Auch wenn sich zwei Buchfinkenmännchen an der Reviergrenze kämpferisch begegnen, verkürzen sie ihre Strophen vorher zunehmend, nachher verlängern sie sie wieder auf das Normalmaß (S. 69). In Übereinstimmung hiermit haben wir auch an der Reviergrenze abnehmende Gesangshäufigkeit und einen zunehmenden Abbruchgrad der Strophen kartiert (BERGMANN & DÜTTMANN 1985). Tagsüber ist der Anteil abgebrochener Strophen in der Regel ebenfalls umso höher, je weniger gesangsaktiv der Vogel ist, d.h. je weniger Strophen er pro Zeiteinheit hervorbringt.

3.2.7 Gesangsleistung: Wieviele Strophen pro Tag?

Die Strophenmenge einzelner Buchfinken-Männchen variiert enorm: Es gibt Viel- und Wenigsinger. Wir zählten im Mai bei 23 verschiedenen ganztags kontrollierten Männchen am Dümmer zwischen 517 (an einem Regentag) und 4549 gesungene Strophen. Der Durchschnitt betrug 2193, der Medianwert 2266 Strophen. Bei einer angenommenen mittleren Strophendauer von 2,5 s würden 2200 Strophen ein Buchfinkenmännchen 91,7 min reine Gesangszeit ohne Intervalle kosten, ein Maximalwert von 4550 Strophen pro Tag würde 190 min reine Gesangszeit ergeben, also 3 Stunden und 10 min. Die Gesangsleistung liegt natürlich für das Individuum nicht fest, sondern schwankt in Abhängigkeit von der Witterung, vom Stadium des Brutzyklus und von anderen Faktoren.

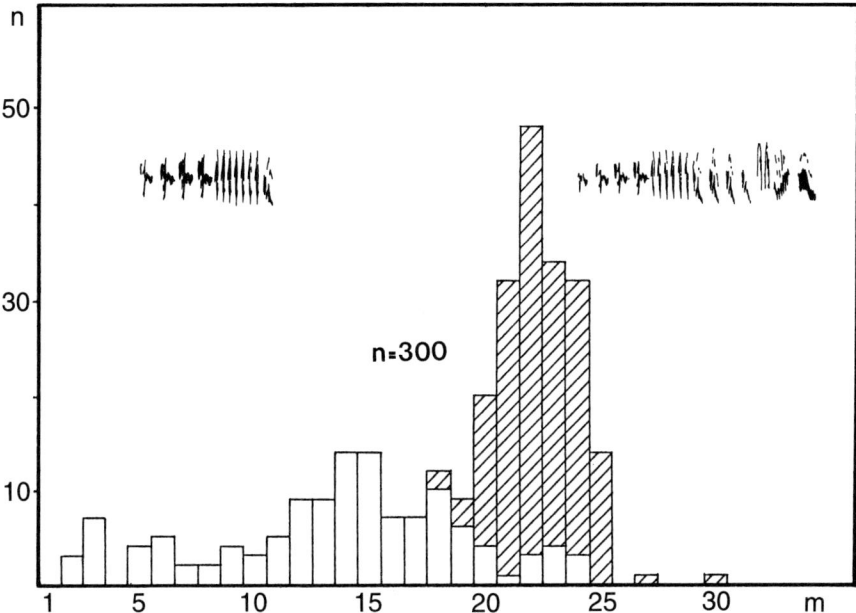

Abb. 16: Verteilung von 300 vollständigen (schraffiert) und abgebrochenen Strophen (weiß) eines Buchfinkenmännchens nach Elementanzahl (m). Es gibt keine bevorzugte Abbruchstelle in der Strophe. Auch vollständige Strophen variieren in der Elementzahl. Abgebrochene und vollständige Strophen überschneiden sich. Aus THÖLE (1982)

3.2.8 Subsong: ohne Strophe und Pause

Nach der Beschreibung von BERGMAN (1953) tritt der Subsong (auch Zirpen oder Dichten) im frühen Frühjahr als leise vorgetragene Gesangsform des ruhig in einer Baumkrone sitzenden Vogels auf. Er setzt sich aus Gesangsfragmenten, Luftfeindalarmrufen, spatzenartig tschilpenden Lauten mit sehr weitem Frequenzbereich (THORPE 1958a) und oft auch dem Schnarren „knrrr" zusammen (Abb. 17, Begattungslaut bei BERGMAN 1953). FALCONER (1941), THORPE (1955a, 1958a) und andere Autoren haben nachgewiesen, daß auch Fremdimitationen in den Subsong Eingang finden. Als Vorbildbeispiele werden Lautäußerungen kleiner Singvögel wie Kohlmeise (*Parus major*), Tannenmeise (*P. ater*), Heckenbraunelle (*Prunella modularis*) und Wintergoldhähnchen (*Regulus regulus*) genannt. Ich selbst habe auch das „kuwitt" des Waldkauzes aus einem solchen Subsong herausgehört. Imitationen sind typisch für derartige kontinuierliche formenreiche Gesangsformen, die nach THORPE (1955a, 1958a) an Spiel erinnern. HINDE (1953) hörte Subsong auch vor und nach Begattungen sowie von einem mit Testosteron behandelten Weibchen. Subsong der Weibchen ist in seltenen Fällen auch im Freiland zu hören (SCHREIBER, pers. Mitt.).

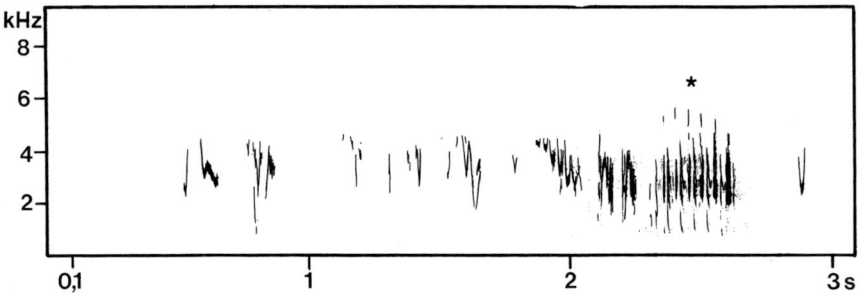

Abb. 17: Sonagramm des Subsongs eines Buchfinken im zeitigen Frühjahr, mit typischem Schnarren (*). Mellnau bei Marburg/L., 10.3.70. Original

Im Frühjahr weicht der Subsong bei alten Männchen längstens nach einer Woche dem Vollgesang (plastische Phase, S. 35). STADLER (1917) hat wochenlanges „Üben" festgestellt, dieses aber späten Durchzüglern zugeschrieben. Man kann vermuten, daß mehrjährige Buchfinken das Stadium des Subsongs im Frühjahr schnell durchlaufen, die vorjährigen aber u.U. wochenlang brauchen, um zum Vollgesang zu finden (THORPE 1958a, NÜRNBERGER et al. 1989, GOODFELLOW & SLATER 1990). Ein Üben im Sinne eines aktiven Lernens nach Vorbild (MARLER & NELSON 1993) kommt nur für die vorjährigen Jungvögel in Frage. Bei Altvögeln ist der unvollständige Gesang Ausdruck für noch nicht genügend hohe Hormonkonzentration.

4 Gesangsentwicklung

4.1 Jugendgesang

Junge Buchfinken produzieren schon im ersten Lebensjahr einen weitgehend kontinuierlichen, schwätzenden Jugendgesang, der die späteren Strukturen und Strophen noch nicht erkennen läßt. Auch von dem bezeichnenden Schnarren des Subsongs im Frühjahr ist noch nichts zu erkennen (THORPE 1958a). Von einem handaufgezogenen Männchen hörte ich Jugendgesang im Alter von 4 Wochen. LISTER (1940) gibt eine nähere Beschreibung. Junge Männchen singen oft noch vor Beginn der jugendlichen Teilmauser gemeinsam in benachbarten Bäumen, wenn sie zwischen Nahrungssuche und aggressiven Jagereien ausruhen. Der schwätzende Gesang aus unrein klingenden Elementen ist relativ leise, steigert aber manchmal plötzlich Tempo und Lautstärke. Mitte August können schon erste Andeutungen des späteren strophigen Gesangs hinzutreten. Diese Entwicklung setzt sich im Frühjahr fort. Über die mögliche soziale Funktion des Jugendgesangs weiß man ebenso wenig wie über seine Bedeutung für das Gesangslernen.

4.2 Plastische Phase

Das eben genannte handaufgezogene Männchen begann im Käfig Mitte Januar des zweiten Kalenderjahres mit kontinuierlichem Subsong, der mit vielen Flugfeindalarmrufen, aber auch Elementen angereichert war, die an einen Endschnörkel erinnerten. Der Formenreichtum vergrößerte sich in der folgenden Zeit rasch. Ab Mitte April sang der Vogel Vollgesang (BERGMANN, unveröff.). Da dieser Subsong sehr variationsreich ist und dem Vollgesang als notwendige Vorstufe vorangeht, hat man ihn „plastischen Gesang" genannt. Typisch für die plastische Phase der Gesangsentwicklung ist das harte Schnarren (Abb. 17, S. 34), das in Vorstufen des Vollgesangs anscheinend den Endschnörkel vertritt. Die Bedeutung dieser vielgestaltigen und imitationsreichen Gesangsform dürfte in einem Übungseffekt liegen.

4.3 Der Vollgesang bleibt (fast) konstant

„Dann was sie das erste Jahr nicht annehmen, das lernen sie hernach nicht mehr, wann sie schon 30. andere Vögel singen hörten... Absonderlich aber, ist dieses auch hoch zu schätzen an dem Vogel, daß, wann man ihn jung bekommt, und im Winter vom Februario an, biß im April, zu einer Nachtigall hänget, er neben seinen angebohrnen Gesang, den er gar nicht hinterläßet, von derselben unterschidliche Schläge annimt" (v. PERNAU 1702).

Nach Ende der von vorjährigen Männchen in Mitteleuropa im April abgeschlossenen Entwicklung bleibt der Gesang des Buchfinken normalerweise zeitlebens in der einmal erworbenen Form erhalten. Doch haben genaue Untersuchungen an freilebenden Individuen das Ergebnis erbracht, daß auch über die frühe Entwicklung hinaus noch eine gewisse Wandlungsfähigkeit erhalten bleibt. NÜRNBERGER et al. (1989) zeigten im Freiland, daß (wahrscheinlich vorjährige) Männchen im Laufe der Gesangsperiode von Februar bis Juli noch zusätzliche Strophen aufnahmen und andere wieder aus ihrem Repertoire verloren. Diese Beobachtungen wurden durch GOODFELLOW & SLATER (1990) mit weiterem Material bestätigt.

Außerdem verlängerten sich nach den Untersuchungen von NÜRNBERGER et al. (1989) die Buchfinkenstrophen im Laufe der Saison in geringem Ausmaß. Ähnliches hat auch schon THORPE (1958a) festgestellt. Die Erscheinung beruht darauf, daß sich in den Anfangsphrasen der Strophe zusätzliche Elemente einlagern. THORPE (1954) bemerkte bei genauem sonagraphischen Vergleich auch, daß Buchfinken häufig im Folgejahr ihre Strophe ein wenig verkürzen und die Tonhöhe anheben. TEMBROCK & WALLSCHLÄGER (1987) verfolgten einen aberrant singenden Buchfinken über Jahre hin und fanden auch hier Veränderungen. Er sang 1983 eine Doppelstrophe und machte daraus 1985 und 1986 teilweise eine Dreifachstrophe, die eine Dauer von mehr als 6 s erreichte. Auch GOODFELLOW & SLATER (1990) haben einen Hinweis darauf, daß die Lernfähigkeit beim Buchfinken nach dem ersten Jahr nicht völlig erlischt. Das dürfte nur für natürliche Bedingungen gelten, nicht wenn sie vom Tonband lernen müssen.

4.4 Gesangslernen: Was Hänschen nicht lernt...

Wenn ein Vogel in seiner Jugendentwicklung den arttypischen Gesang ausprägt, ohne ein Vorbild gehört zu haben, spricht man davon, daß sein Gesang angeboren sei. Das zugehörige Experiment mit Erfahrungsentzug nennt man von jeher das Kaspar-Hauser-Experiment, die Versuchstiere Kaspar-Hauser-Tiere (IMMELMANN 1982). Unter den Singvögeln findet man die vollständige Entwicklung des Gesangs ohne Vorbild eher selten, z.b. bei einigen primitiven Sperlingsvögeln aus der Gruppe der Tyrannen in Nordamerika (KROODSMA 1984 u. pers. Mitt.). Bei den meisten Arten, soweit untersucht, müssen die Männchen mindestens anteilig ihren art- und populationstypischen Gesang durch Nachahmung von arteigenen Vorbildern lernen. Ihre zugehörige Lerndisposition ist oft recht unspezifisch, d.h. das Lernprogramm ist offen. Das gilt auch ausgesprochen für den Buchfinken.

Während THORPE (1955b) noch der Meinung war, daß Buchfinken so gut wie ausschließlich Buchfinkengesang zu lernen vermögen, hat v. PERNAU (1702) schon im 17. Jahrhundert gezeigt, daß sie durchaus in der Lage sind, artfremde Vorbilder zu übernehmen, wenn ihnen ein arteigenes Vorbild fehlt. Er hat zahlreiche handaufgezogene Buchfinken-Männchen dazu gebracht, Gesang von Baumpiepern (*Anthus trivialis*) nachzunahmen, und diese Vögel dann in der Umgebung seines Heimatortes ausgesetzt. Die Spuren des Dialekts haben sich allerdings in jüngerer Zeit nicht mehr auffinden lassen (THIELCKE 1988a). THORPE (1958b) ist es später gelungen, das Experiment v. PERNAUS zu wiederholen.

Zieht man ein junges Buchfinken-Männchen vom Nest oder gar vom Ei ab ohne Kontakt mit singenden Artgenossen auf, so entwickelt es im Frühjahr des

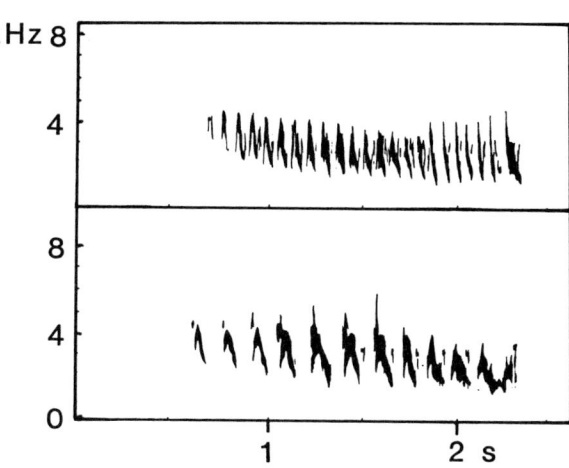

Abb. 18:
Gesänge zweier Kaspar-Hauser-Buchfinken (nach NOTTEBOHM 1970). Sie sind einfacher als die Gesänge wildlebender Individuen.

zweiten Kalenderjahres zwar ebenfalls strophigen Vollgesang, dieser ist jedoch weder art- noch populationstypisch.

Der Gesang eines solchen vorbildlos aufgezogenen Vogels zeichnet sich durch geringere Strukturenvielfalt und Differenzierung aus (Abb. 18). Die Phrasierung im Anfangsteil ist wenig entwickelt oder fehlt ganz, der Endschnörkel ist nur in Andeutungen zu erkennen (POULSEN 1951, THORPE 1954, 1958b, NOTTE-BOHM 1970).

Auch Weibchen lernen Gesang. Das kann man nur sichtbar machen, wenn sie einerseits ein Vorbild zur Verfügung haben und wenn man ihnen andererseits Testosteron injiziert. Sind beide Bedingungen erfüllt, durchlaufen sie die gleichen Entwicklungsstufen des Gesangs wie Männchen im frühen Frühjahr: leise Folgen rufartiger Elemente, Subsong, Vollgesang. Nicht allen Versuchstieren gelang es, die plastische Phase der Gesangsentwicklung abzuschließen (KLING & STEVENSON-HINDE 1977).

4.5 Zwei sensible Phasen

Eine erste Phase des Lernens, d.h. des Aufnehmens von Vorbildgesängen, läuft beim jungen Männchen schon im ersten Kalenderjahr, d.h. im Sommer des Geburtsjahres ab. Von 10 jungen Männchen, die THIELCKE & KROME (1989) Ende August/Anfang September in Süddeutschland fingen und anschließend in akustischer Isolation hielten, bildeten 9 später ohne weiteres Vorbild ein Repertoire von 2-5 wildtypischen Strophentypen aus. Im Oktober und November vorgespielte Strophen konnten die Vögel jedoch nicht aufnehmen (THIELCKE & KROME 1991). Dafür sind wahrscheinlich die zu niedrigen Konzentrationen an androgenen Hormonen verantwortlich. Einige der Vögel vermochten aber im folgenden Frühjahr noch zusätzliche Strophentypen von Vorbildern zu lernen.

Es gibt also zwei sensible Phasen: eine erste im Sommer des ersten Kalenderjahrs, eine zweite im folgenden Frühjahr. Diese ist besonders wichtig für Jungvögel, die im ersten Kalenderjahr keine Gelegenheit hatten, arteigene Vorbilder zu hören. Das kann dadurch geschehen, daß sie spät schlüpfen und ihre erste sensible Phase erst dann beginnt, wenn die möglichen Vorsänger ihren Gesang schon eingestellt haben (S. 86ff).

Es macht einen erheblichen Unterschied in den entstehenden Gesängen von vorbildlos aufgezogenen Jungvogeln, ob sie einzeln oder in Gruppen gehalten werden. THORPE (1954, 1955b) hat gezeigt, in welchem Ausmaß gemeinsam gehaltene Jungvögel durch gegenseitige Beeinflussung zu verbesserten, allerdings bei den Individuen übereinstimmenden Strophen gelangen. Dagegen haben als Junge ertaubte Vögel die schlechtesten Gesänge (NOTTEBOHM 1970).

Zusammenfassend kann man also eine abnehmende Gesangsqualität bei folgendermaßen behandelten Buchfinken-Männchen feststellen:
(1) Vogel mit Vorbild eines wildlebenden Artgenossen (Abb. 19 d)
(2) Gruppenhauser (Abb. 19 c)
(3) Einzelhauser (Abb. 19 b)
(4) Jung ertaubter Vogel (Abb. 19 a).
Im Fall 1 und 2 findet soziales Lernen statt. Im Fall 3 kann der Vogel seinen Gesang individuell durch Eigenkontrolle übend verbessern. Im Fall 4 ist keine dieser Möglichkeiten gegeben. Nur von diesem Gesang kann behauptet werden, daß er dem am nächsten kommt, was man als „angeboren" bezeichnen könnte.

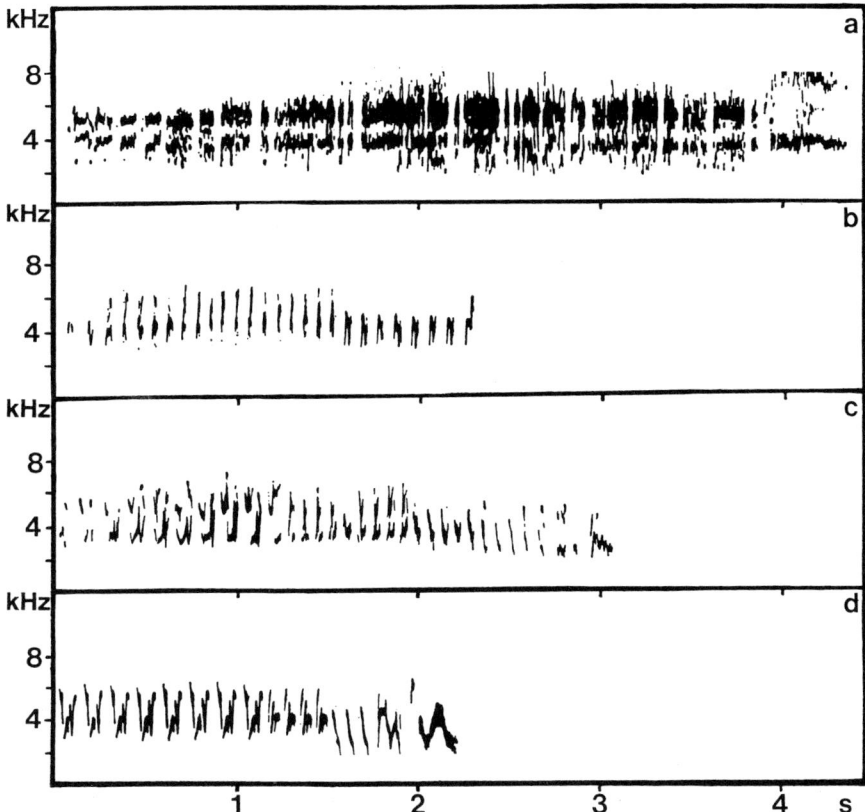

Abb. 19: Sonagramme der Gesänge von Buchfinken, die in unterschiedlichen Stadien ihrer Jugendentwicklung ertaubt wurden. Alter beim Ertauben: a 88 Tage; b erstes Frühjahr, 1. Tag der plastischen Phase; c 12. Tag der plastischen Phase; d adulter Vogel: Gesang bleibt unverändert. Nach NOTTEBOHM (1970), verändert.

4.6 Verzögerte Entwicklung

Daß die Produktion des Buchfinkengesangs von männlichen Geschlechtshormonen abhängig ist, hat schon POULSEN (1951) durch regelmäßige Injektion von Testosteron in die Brustmuskulatur von Buchfinken-Männchen nachgewiesen. Die Vögel begannen bei dieser Behandlung schon im Januar zu singen und färbten überdies schon frühzeitig ihren Schnabel um (s.S. 14).

Daß aber die Ausbildung von strophigem Vollgesang nicht altersabhängig ist, sondern durch hormonell gesteuertes Auffüllen von Speichern bewerkstelligt wird, hat NOTTEBOHM (1969) an einem einzigen Buchfinken-Männchen gezeigt. Der Vogel wurde im Dezember seines Geburtsjahres 1964 bei Cambridge in England gefangen und kastriert. Er hatte im folgenden Frühjahr Gelegenheit, Buchfinkengesang zu hören, sang aber selbst nicht. Im nachfolgenden Frühjahr des Jahres 1966 wurde er unter Langtagbedingungen isoliert und bekam im März ein Testosteronimplantat. Eine Woche später begann er zu singen. Zwei ihm vom Tonband vorgespielte Strophentypen sang er später exakt nach. Er war also noch als Altvogel im 3. Kalenderjahr bei gegebenen Hormonbedingungen in der Lage, die früher verpaßte sensible Phase für sein Gesangslernen vollgültig nachzuholen. Der Vogel wurde im folgenden Jahr in gleicher Weise behandelt, lernte aber dann nichts mehr hinzu.

Außer mangelnden androgenen Hormonen verzögern auch andere Einflüsse, wie z.B. die Witterung (S. 88), die Gesangsentwicklung.

4.7 Mischsänger: Individuen mit artfremdem Gesang

Abnorme Gesänge freilebender Buchfinkenmännchen sind immer wieder als Besonderheit beschrieben worden. MEINEKE (1974) und FREUDE (1979, 1983) vernahmen Vögel mit Strophen, die an diejenigen der Klappergrasmücke (*Sylvia curruca*) erinnerten. VALLET & KREUTZER (1992) haben sogar festgestellt, daß ein solcher Klapper-Buchfink ebenso wie eine benachbart siedelnde Grauammer (*Emberiza calandra*) intensiv auf diesen abnormen Gesang reagierte. Bei solchen Strophen ist nicht auszuschließen, daß ihr Sänger sie mangels eines arteigenen Vorbilds wie ein Kaspar-Hauser improvisierend erfunden hat.

In vielen anderen Fällen ließ sich aber der Einfluß eines artfremden Vorbilds vermuten. HELBIG (1962) beschrieb einen Buchfinken mit Bachstelzengesang (*Motacilla alba*), KÖPKE (1977) einen mit wahrscheinlichem Trauerschnäppermotiv (*Ficedula hypoleuca*) (neben einer typischen Buchfinkenstrophe), CONRADS (1977) einen mit Grünfinkenmotiv (*Carduelis chloris*, Abb. 20). Mir liegt die

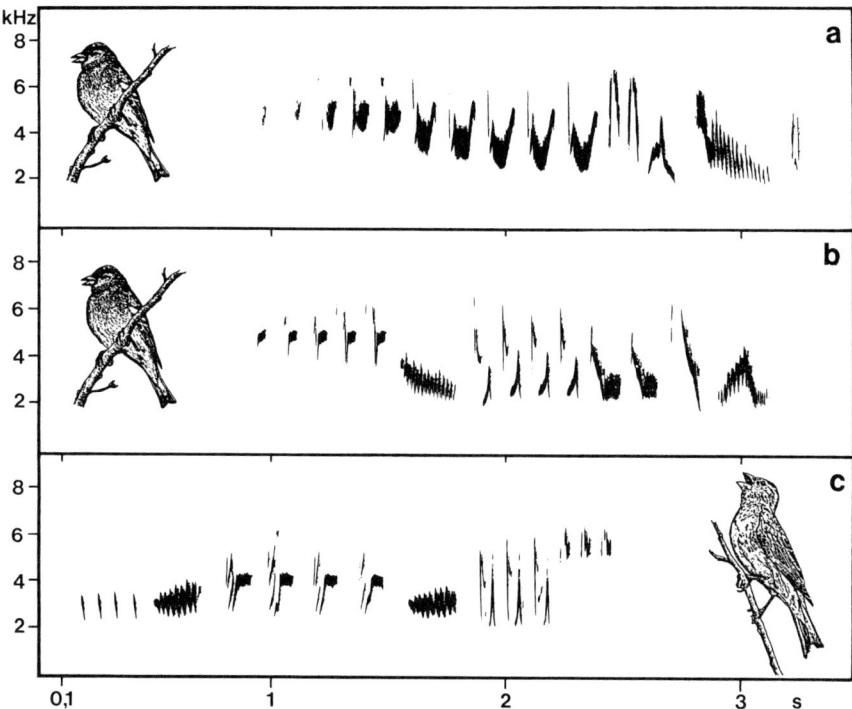

Abb. 20: Mischsänger und Vorbild. **a** Normale Buchfinkenstrophe. **b** Strophe eines Buchfinkenmischsängers. **c** Artvorbild: Ausschnitt aus Gesang eines Grünfinken (*Carduelis chloris*) mit Phrasen, die mit denen des Buchfinkengesangs übereinstimmen. Der Grünfink hat seinerseits wieder das Pinken und Regenrufe von Buchfinken in seinen Gesang integriert.

Aufnahme eines perfekten Tannenmeisenimitators (*Parus ater*) von P. GÄTH (briefl. Mitt.) vor (Abb. 21), ein extremes Phänomen, das auch von CHRISTEN (1988) beschrieben worden ist. Als weitere Buchfinkenvorbilder sind Zaunkönig (*Troglodytes troglodytes*), Kanarengirlitz (*Serinus canaria*, SLATER 1983 b), Kleiber (*Sitta europaea*) und Baumpieper nachgewiesen (HELB et al. 1985) - sämtlich Arten mit auffällig phrasiertem Gesang.

Vogelindividuen, die in ihrem (strophigen) Vollgesang eine fremde Art nachahmen oder darin Merkmale des Gesangs einer fremden Art aufnehmen, nennen wir **Mischsänger** (HELB et al. 1985, BERGMANN & HELB 1981). Vermutlich haben diese Vögel keinen arteigenen Vorsänger gehabt und sind auf den Gesang einer ähnlich singenden Art hereingefallen. Während sonst derartige Mischsänger meist als Vorbild eine Zwillingsart nachahmen (Fitis (*Phylloscopus trochilus*) -

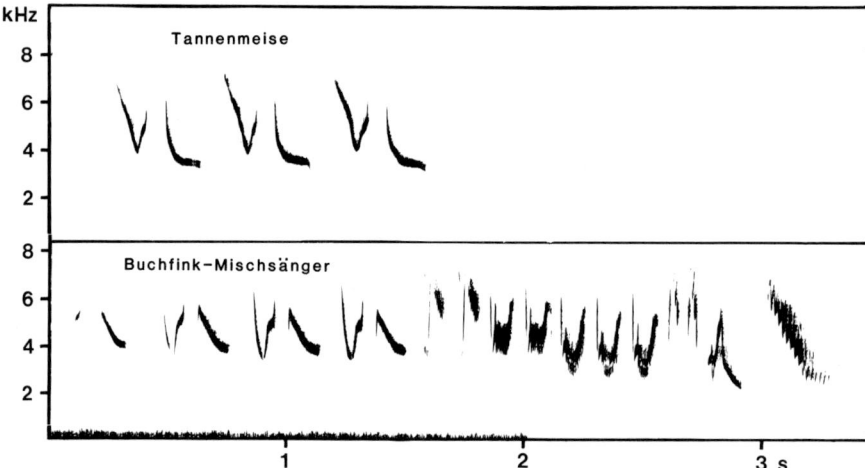

Abb. 21: Mischsänger und Vorbild. **a** Motivgesang einer Tannenmeise, Artvorbild für b.
b Mischsänger-Buchfink. Die Strophe beginnt mit einem Tannenmeisen-Motiv, darauf folgt
eine verkürzte typische Buchfinkenstrophe („Reiterspazier"). 23.5.79, Gartow/Wendland,
Aufn. P.GÄTH

Zilpzalp (*P. collybita*), Waldbaumläufer (*Certhia familiaris*) - Gartenbaumläufer
(*C. brachydactyla*)), scheint der Buchfink sich nicht vom Aussehen des möglichen
Vorbilds leiten zu lassen, sondern nur vom akustischen Phänomen. Er kann zum
perfekten Nachahmer werden, in dessen Gesang man kaum mehr die Buchfin-
ken-Grundstruktur erkennt. v. PERNAU (1702) und viel später THORPE (1958 a,b)
erzeugten experimentell Mischsänger mit Baumpiepergesang (S. 39). Ein im
Londoner Zoo von SLATER (1983 b) beobachteter Buchfink hatte Elemente und
variable Elementanordnung von einem Kanarengirlitz übernommen und wich nur
in der kurzen stereotypen Strophendauer vom fremden Vorbild ab. An solchen
Einzelfällen lassen sich recht gute Voraussagen über die entwicklungsabhängige
Lerndisposition des Buchfinken machen. Regulär und systematisch sind ihre
Eigenschaften und Grenzen jedoch nicht untersucht.

5 Gesangsdialekte

5.1 Ist jeder Strophentyp ein Dialekt?

Daß die Buchfinkenstrophen variieren, hat schon MARLER (1952) in Anlehnung an PROMPTOFF (1930) hervorgehoben. Aber er hat zugleich gesehen, daß die Variation zwischen den Populationen kaum größer ist als die innerhalb einer Population, d.h. daß sich Dialekte wegen der großen Variation innerhalb der Population nicht ohne weiteres auffinden lassen. Genau zu diesem Ergebnis war PROMPTOFF (1930) beim Vergleich von Buchfinkengesängen von Moskau und dem westlichen Ural gekommen. Nicht jeder Strophentyp ist also schon gleich ein Dialekt. Schon gar nicht können unterschiedliche Strophentypen den Beginn einer Artbildung erkennen lassen, wie es von SIMKIN (1982, u. pers. Mitt.) noch heute angenommen wird. Kompliziert ist auch die Bewertung des von METZMA-CHER & MAIRY (1972) beschriebenen Verteilungsmusters der Endelemente des Endschnörkels bei belgischen Buchfinkengesängen.

Diese Aussagen werden auch durch neuere computergestützte Analysen von SLATER et al. (1984) bestätigt. Es gibt zwar manchmal durch kulturelle Evolution, d.h. dadurch, daß die Strophentypen einer Region sich auseinander ableiten, eine gewisse Tendenz zur regionalen Dialektbildung. Auf den Orkneys findet man z.B. einen kürzeren Phrasenteil und einen längeren Endschnörkel als in Sussex. Im allgemeinen lassen sich aber weder regional verbreitete Strophentypen noch regionale Merkmale aller Strophen feststellen. In jedem Gebiet scheint der Strophenpool die Grenzen der artspezifischen Variablität weitgehend auszunutzen.

CONRADS (1966) hat allerdings im Egge-Gebirge, einem Teil des Teutoburger Waldes, einen besonders prägnanten Strophentyp aufgefunden, der dort 1964-66 neben anderen sehr verbreitet war und schon 1946 beschrieben worden war. Er spricht vom Egge-Dialekt. Die Strophe beginnt mit einer ersten Phrase, die wie „tsi-vui tsi-vui..." klingt. Nach 17-19 Jahren wurde das Gebiet erneut kontrolliert und der Strophentyp fast unverändert angetroffen (CONRADS 1986). Ein im

Oberharz im Abstand von 21 Jahren an demselben Ort aufgenommener prägnanter Strophentyp hatte sich für das Gehör kaum, im Sonagramm in Details geändert (CONRADS 1988). Anders in einem Gebiet in Sussex, England. Im Jahre 1960 waren hier 23 verschiedene Strophentypen aufgenommen worden. 1978 wurden 36 Typen registriert. Von den alten Strophen waren nur 3 unverändert erhalten. Weitere 5 konnten noch identifiziert werden, waren aber klar verändert. Die restlichen fehlten oder waren bis zur Unkenntlichkeit abgewandelt. INCE et al. (1980) nennen für diese Veränderung des Strophenrepertoires einer Population mehrere mögliche Ursachen: Verlust seltener Typen, Einführung neuer Typen durch zugezogene Vögel, Kopierfehler beim Lernen. Diese verschiedenen Ursachen schließen sich gegenseitig nicht aus, sondern können zusammenwirken.

Es scheint nach allem nicht ohne weiteres sinnvoll, jeden einzelnen auftauchenden Strophentyp als Dialekt zu bezeichnen, wenn er nicht für eine Population typisch ist. Strophentypen sind zufällig entstehende und tradierte Variationen, die als Vorstufen von Dialekten aufgefaßt werden können. Alles ist jedoch eine Frage der Intention des Betrachters und der von ihm verwendeten Dialektdefinition. Geht man so streng vor wie WICKLER (1986) und faßt als Dialekt jede tradierte Variante des Verhaltens auf, die mehrere Individuen gemeinsam haben, ganz gleich wie lange sie existiert und wie die Grenze verläuft, so sind Strophentypen von Buchfinken auch Dialekte.

THIELCKE (1992) definiert als **Gesangsinstitutionen** solche Gesänge, die völlig vom Grundmuster abweichen, also wohl durch Unterbrechung der Tradition enstanden sind und sich dann in einer Gründerpopulation erhalten haben. Derartige Erscheinungen kann man beim Buchfinken bestenfalls im Vergleich zwischen Insel- und Festlandspopulationen feststellen.

5.2 Inseldialekte

Im Gegensatz zu den festländischen Populationen Europas, zwischen denen weitgehend Traditionsfluß herrscht, haben sich auf Inseln, wo Buchfinken in erdgeschichtlich früherer Zeit eingewandert oder in historischer Zeit durch den Menschen angesiedelt worden sind, klare dialektartige Gesangsunterschiede entwickelt.

Auf den Atlantischen Inseln sind die Buchfinkengesänge (und -rufe) der verschiedenen Unterarten auch für das Gehör des Besuchers deutlich von denen verschieden, die er vom europäischen Festland her kennt (Abb. 22 a-c; vgl. KNECHT & SCHEER 1968 für die Azoren). Auf den Kanaren, Madeira und den Azoren sind die Buchfinkenpopulationen auch nach morphologischen Kriterien von den europäisch-festländischen verschieden. Sie sind kräftiger, haben kürzere Flügel, und im Gefieder der Oberseite überwiegen Blautöne (GRANT 1979, 1980). Der Teidefink (*Fringilla teydea*), eine eigene inselendemische Art auf Teneriffa und Gran Canaria, stammt von einer frühen Einwanderungswelle von Buchfinken (von Nordafrika oder von den Azoren her) ab und hat sich in dieser Richtung noch weiter entwickelt (Abb. 4 und 22 d-e).

Der Grad der Differenzierung der Buchfinken auf den einzelnen Atlantischen Inseln verläuft erstaunlicherweise parallel zu den kulturellen Unterschieden in den Gesängen. Die Vögel von Madeira sind sowohl in ihrer Morphologie als auch in der Silbengestaltung ihrer Strophen intermediär zwischen denjenigen von den Kanaren und den Azoren (LYNCH & BAKER 1986). Die Populationsunterschiede gehen auch in den tradierten Gesängen auf Evolutionsfaktoren wie Informations-

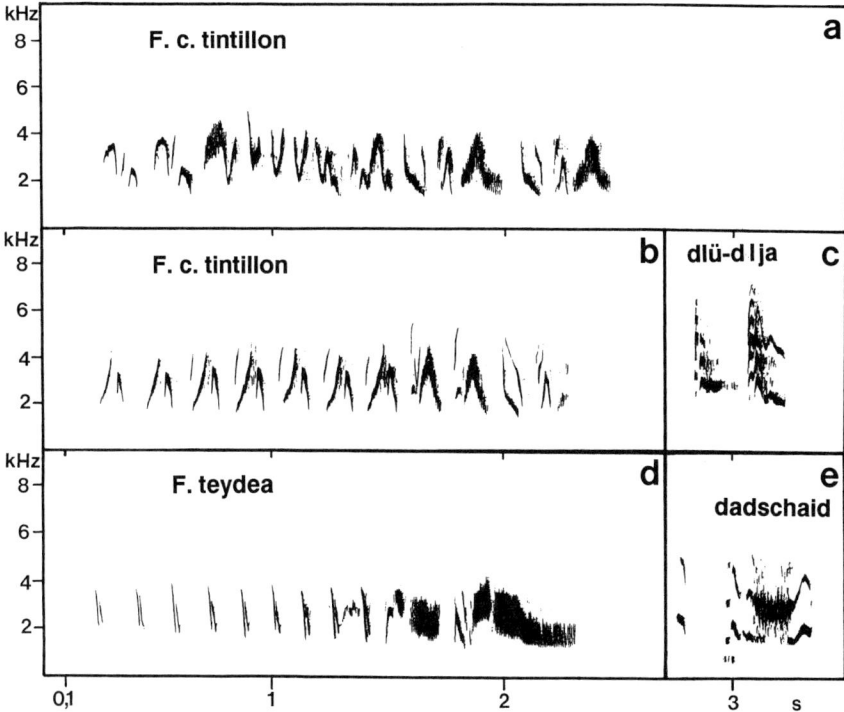

Abb. 22: Sonagramme von Lautäußerungen kanarischer Buchfinken (*Fringilla coelebs tintillon*) und des Teidefinken (*Fringilla teydea*). **a** Strophe eines „Lorbeerfinken" von Teneriffa mit doppeltem Endschnörkel. Monte del Agua, 18.2.87. **b** Strophe eines Nachbarn von a mit wenig ausgeprägtem Endschnörkel. Daten wie a. **c** Weich klingende Alarmrufe eines Weibchens von *F.c.tintillon*, Daten wie a. **d** Gesangsstrophe eines Teidefinken, Guia de Isora, Teneriffa, 3.3.87. **e** Ruf eines Teidefinken bei Störung. Daten wie d. Alle Aufn. u. Sonagramme vom Verf.

fluß zwischen Populationen und Zufallsfaktoren (Drift) zurück. Vielleicht sind sie sogar geeignet, die wahre Besiedlungsgeschichte der Atlantischen Inseln durch die Finken zu rekonstruieren.

5.3. Neuseeland und Chatham-Inseln

Auf Neuseeland sind in den Jahren 1862 bis 1877 annähernd 400 englische Buchfinken importiert und dort - weit entfernt von der Ursprungspopulation - freigelassen worden (THOMSON in JENKINS & BAKER 1984). THIELCKE (1974) kam bei einem ersten Vergleich mit nur wenigen Strophentypen zu dem Ergebnis, daß es im großen und ganzen keine Unterschiede zwischen den europäischen und den neuseeländischen Buchfinkengesängen gebe, und wies auch anhand anderer Beispiele auf die große Stabilität der erlernten Gesänge trotz vollständiger geographischer Isolation hin. JENKINS & BAKER (1984) fanden bei näherer Untersuchung größeren Materials schließlich doch Unterschiede. Die Anzahl der Phrasen hat sich verringert - oft ist nur eine einzige übriggeblieben - dafür hat sich der Endschnörkel verlängert, indem er einzelne Elemente aus dem Phrasenteil aufnahm. Darüber hinaus gibt es Strophentypen, in denen die Tonhöhe im Phrasenteil ansteigt, anstatt wie sonst üblich abzusinken. Die Autoren deuten die erstgenannten Änderungen als ökologische Anpassung an das akustische Milieu der Kiefernwälder, die von den neuseeländischen Buchfinken hauptsächlich besiedelt werden. Genetisch haben sich diese Vögel kaum von ihren englischen Vorfahren entfernt und sind auch in sich einheitlich geblieben. Gegebenenfalls auftretende Differenzierungen lassen sich als Folge von Zufallsprozessen (genetische Drift) interpretieren (BAKER 1992).

Von Neuseeland aus haben sich Buchfinken etwa um 1900 anscheinend ohne menschliches Zutun auf die in östlicher Richtung etwa 800 km entfernten Chatham-Inseln ausgebreitet. Obwohl hier inzwischen die Entwicklung der besonders komplexen Endschnörkel nicht vor sich gegangen ist, besteht doch grundsätzliche Übereinstimmung in der Elementmorphologie zwischen den Neuseeland- und den Chatham-Strophen. Nur ist das Element-Repertoire vereinfacht. Die kleine Gründerpopulation hat wahrscheinlich nur einen Teil der neuseeländischen Elemente mitgebracht und dann konserviert. Hier zeigt sich wieder eine deutliche Analogie zu dem in der Populationsgenetik bekannten Gründereffekt: Einer kleinen Inselpopulation bleibt nur ein Teil des Erbguts der Ausgangspopulation erhalten (BAKER & JENKINS 1987).

6 Die Finker: Wettsingen am Maisonntag

Ein Maisonntag in dem alten Bergarbeiterstädtchen St. Andreasberg im Harz, 5 Uhr früh. Im Stadtpark haben sich Hunderte von Menschen versammelt. Um eine Wiese herum, auf einer schnell zusammengezimmerten hölzernen Stellage von 1,60 m Höhe, stehen kleine Vogelkäfige, je einen oder einen halben Meter voneinander entfernt, jeder Käfig mit einer vorgeschriebenen Länge von 26 cm, einer Breite von 16 cm und einer Höhe von 22 cm (LEMKE 1938). Er ist in ein weißes Tuch von 90 x 90 cm Größe eingebunden, so daß der Insasse weder hinaussehen noch von draußen gesehen werden kann, wohl aber das Licht der eben aufgehenden Sonne wahrnimmt. Viele der Tücher tragen ein sorgsam gesticktes Emblem, meist einen Buchfinken. Hier findet nach tradierten Regeln das Wettsingen der Buchfinken statt, auch Finkenmanöver genannt. Auch Gastvögel aus den Nachbargemeinden im Ostharz sind angetreten. Jeden Sonntag treffen sich zu dieser Jahreszeit die Finker (oder Pinker, Finkner, Finkler genannt) an wechselnden Orten im Harz. Auch anderswo in Mitteleuropa haben sich solche regionalen Traditionen bis heute erhalten: Verviers, Oberösterreich, Wien, Aachen, Wuppertal-Elberfeld und in Walddörfern Thüringens, um nur einige Beispiele zu nennen. In Deutschland erreichte der Finkensport einen auch organisatorischen Höhepunkt während des Dritten Reichs, als innerhalb des Reichsverbands deutscher Vogelpfleger und -züchter eine Fachschaft für Buchfinkenhaltung mit vier Landesgruppen und insgesamt mehr als 1000 Mitgliedern existierte. Die Finkenmanöver wurden als ,,Reichsverbandspokalsingen" durchgeführt (LEMKE 1938). Heute findet der Brauch im gesamten Bereich des Harzes wieder starkes Interesse bei Ansässigen und Gästen. Auch in Ludwigshafen a. Rh.-Oppau gibt es eine aktive Gruppe (STALLA o.J.).

Die **Waldvogelhaltung** im Harz ergab sich ursprünglich aus der Notwendigkeit, Lockvögel für den verbreiteten Vogelfang in Dohnenstiegen und Vogelherden zur Verfügung zu haben. Schon früh hat sich auch ein Brauchtum um Abrichtung und Handel der geeigneten Arten entwickelt, vor allem der Finkenvögel (KNOLLE 1980). Käfigvögel wurden sogar nach Holland und Rußland verkauft.

Die Kunst der Finkenaufzucht soll mindestens bis in das 15. Jahrhundert zurück-
gehen. Die Kenntnisse des Freiherrn v. PERNAU (1702) sind anscheinend in
mancher Hinsicht bei den modernen Finkenliebhabern in Vergessenheit geraten.
Die Zucht gilt als schwierig. Über die Haltung im Freiflug ist nichts bekannt.
Wildgefangene Buchfinken sind scheu und ungebärdig (HEINROTH 1927) und
gewöhnen sich nie an die Anwesenheit des Menschen. LORENZ (1949) hat aus
bitterer Erfahrung geraten: ,,Schaff dir keinen Buchfinken an". Er hat diesen Rat
allerdings in einer späteren Auflage seines Buches (1964) in einem reumütigen
Vorwort eingeschränkt. Handaufgezogene Buchfinken können wirklich hand-
zahm sein.

6.1 Wettkampfklassen: Durchhaltevermögen und Strophenqualität

Die **Kampfklasse**, im Ostharz Distanzsingen genannt, gewinnt derjenige Vogel
(bzw. sein Besitzer), der innerhalb von 30 min die größte Zahl vollständiger
Strophen singt. Abgebrochene Strophen werden nicht gezählt. Die erreichten
Werte liegen im Extremfall bei über 400 Strophen. Im Jahre 1976 sang der Sieger
unter etwa 180 Konkurrenten eine Zahl von 416 Strophen (KNOLLE 1989). Setzt
man in einem solchen Fall für die Strophendauer 2 s an, so bleibt ein durch-
schnittliches Intervall zwischen den Strophen von 2,3 s.
In der **Starkklasse** (Starksingen) sind die Anforderungen an den Vogel noch
größer (siehe BERGMANN & HELB 1983). Im ersten Durchgang stehen die Käfige
alle im Kreis am Boden um eine ringförmige Galerie herum, in deren Mitte sich
der Wettbewerbsleiter aufhält. Vögel, die auf ein gegebenes Startzeichen hin 5
Minuten lang nicht singen, werden disqualifiziert. Im folgenden Durchgang wird
der Kreis der Käfige enger geschlossen. Nur etwa 50 cm trennen sie noch
voneinander. Wieder gilt das gleiche Kriterium. - Der letzte Durchgang ist der
entscheidende. Die Käfige stehen auf Kontakt auf dem Rundtisch in der Mitte.
Der Vogel gewinnt, der nun in 5 min die meisten vollständigen Strophen singt,
sich also gegen den stark hemmenden Einfluß der Konkurrenten durchsetzt.
Die **Schönheitsklasse** (Schönheitssingen) bietet wieder völlig entspannte
Bedingungen. Siegen in den oben beschriebenen Wettbewerben häufig Vögel
mit kurzen Strophen, kommt es hier auf lange, klar gegliederte und harmonisch
ausgebildete Strophen an, die von trainierten Wettkampfrichtern nach einem
bestimmten, tradierten System mit Punkten bewertet werden. Die verschiedenen
Strophentypen, die meist nach ihrem Endschnörkel benannt sind, erhalten
unterschiedliche Bewertungen. Solche Endschnörkel gibt es in großer Zahl, und
sie werden seit alters her mit Wortumschreibungen bezeichnet. Schon v. PERNAU
(1702) hat viele zusammengestellt: Reitherzu, der Ziehende, der Lachende, der

Großrollende, der Musquetirer, der Malvasier, Kuhdieb, Gutjahr, Zizigall usw. Singt der Vogel mehrere verschiedene Strophentypen, ergibt das eine Zusatzbewertung ebenso wie der Schnapper (S. 32) am Strophenende. Für jeden Vogel wird abschließend eine mittlere Strophenpunktzahl ermittelt (BERGMANN & HELB 1983).

Die Finkenhaltung verlangt das ganze Jahr über sorgfältige Pflege, die von LEMKE (1938) bis ins einzelne beschrieben worden ist. LEMKE hat in einer ausführlichen Artikelserie alle Facetten des Finkensports nach dem Kenntnisstand von 1938 dargestellt (Neueres bei BERGMANN & HELB 1983, KNOLLE 1989). Den größten Teil des Jahres verbringen die Vögel in geräumigen Zimmer- oder Freivolieren, einige Monate vor der Wettkampfsaison in den kleinen Wettkampfkäfigen. Insgesamt ist die Haltung der Vögel doch so qualitätvoll, daß viele von ihnen 20 und mehr Jahre alt werden. Nach einer Zusammenstellung von BEZZEL (1993) erreichten Käfigvögel ein Alter bis zu 29 Jahren; die ältesten Ringvögel aus dem Freiland waren 13 Jahre und 9 Monate bzw. mehr als 11 Jahre alt.

6.2 Kritik der Finkenliebhaberei

Gegenstand z.T. heftiger und teilweise unsachlicher Kritik bei Tierschützern ist heute vor allem die Unterbringung der Vögel in dem kleinen Wettkampfkäfig. Schon Monate vor dem Ereignis wird der Sänger in diesen Käfig eingewöhnt. Daß er im Dunkeln gehalten wird, ist allerdings ein Gerücht. Nur der hell sitzende Vogel wird physiologisch singbereit. Das einhüllende Tuch schützt ihn vor Störungen, vor den Angriffen der freilebenden Artgenossen beim Wettkampf im Park, auch davor, die Sänger in den Nachbarkäfigen zu sehen und angreifen zu wollen. Die Kleinheit des Käfigs soll wahrscheinlich verhindern, daß der Vogel darin hin- und herfliegt, anstelle alle Energie in den Gesang zu setzen. Vielleicht ist es angebracht, den zum Wettkampf ausersehenen Vogel zunächst in einem größeren Käfig zu halten und ihn erst kurzfristig vor dem Ereignis in den Kleinkäfig einzugewöhnen.

Ein zweiter Punkt der Kritik ist die Herkunft der Vögel. Die Finkenhalter behaupten, die von ihnen gehaltenen Vögel seien durchweg gezüchtet. Buchfinkenzucht in Gefangenschaft ist jedoch ein schwieriges Metier, und es sei dahingestellt, ob die wenigen Züchter in der Lage sind, genügend Jungvögel für die zahlreichen Finkenliebhaber bereitzustellen.

Insgesamt ist die Finkenliebhaberei ein schönes, altes und in der Bevölkerung verwurzeltes Steckenpferd, in dem gründliche, tradierte Kenntnis über die Vögel steckt, die der Wissenschaft noch gar nicht in vollem Umfang zugänglich geworden ist. Die Finker sollten alles Erdenkliche versuchen, um die vom Tierschutz kritisierten Erscheinungen zu mildern oder ganz zu beseitigen.

7 Regenruf - Ruf oder Gesang?

7.1 Was sind Regenrufe?

Ein kurzer, ein- oder wenigsilbiger Ruf, im Abstand von etwa 1 s lange Zeit monoton wiederholt - das ist der Regenruf des Buchfinken. Er wird nur vom Männchen und so gut wie ausschließlich während der Fortpflanzungszeit hervorgebracht, genauso wie der Gesang (S. 86ff). DETERT & BERGMANN (1984) haben bei einer größeren Zahl von Individuen Wiederholfrequenzen in den Rufreihen von durchschnittlich 43 pro min ermittelt. Die Werte schwanken aber stark (Maximum 68,3, Minimum 24,1 pro min). Ebenso wie die Gesangsstrophen müssen die Regenrufe vom jungen Männchen nach einem Vorbild erlernt werden, was für die anderen Rufe aus dem Repertoire des Buchfinken nicht gilt (NOTTEBOHM 1972). Die ersten Regenrufe hört man in Mitteleuropa im März gleichzeitig mit oder allenfalls kurz nach Beginn des Buchfinkengesangs (JAKOBS 1962), die letzten meist gegen Ende Juli oder Anfang August zu Beginn der Mauser (GROEBBELS 1957). Weder die Auslösung noch die Bedeutung des Regenrufes ist vollständig geklärt. Man hört die Rufe nicht selten bei schwülem Wetter, vor und während des Regens (KEMME 1983), wenn andere Vogellaute verstummt sind, oder auch bei plötzlicher Abkühlung oder Nebel (PEITZMEIER 1955). Daher rührt die landläufige Bezeichnung „Regenruf", die hier wie bei SICK (1950) und BAPTISTA (1988) beibehalten wird, weil sie einen Überbegriff darstellt und nicht wie „Rülschen" nur für einen bestimmten Dialekt gilt. Möglicherweise geht der Name „Regenruf" auch darauf zurück, daß man den Ruf zuerst mit Umschreibungen wie „schütt" oder „trief" belegt hat (BEZZEL, briefl. Mitt.). Systematische Beobachtungen haben ergeben, daß Regenrufe keineswegs ausschließlich als Regenkünder angesehen werden können, sondern an Regentagen genauso häufig wie an Tagen mit anderer Witterung zu hören sind (GROEBBELS 1957). KEMME (1983) fand keine Korrelation der Regenrufaktivität mit der Tagesmitteltemperatur. Sie stellte allerdings eine zunehmende Tendenz zu Regenrufen mit steigender Niederschlagsmenge (Abb. 23) und mit stärker

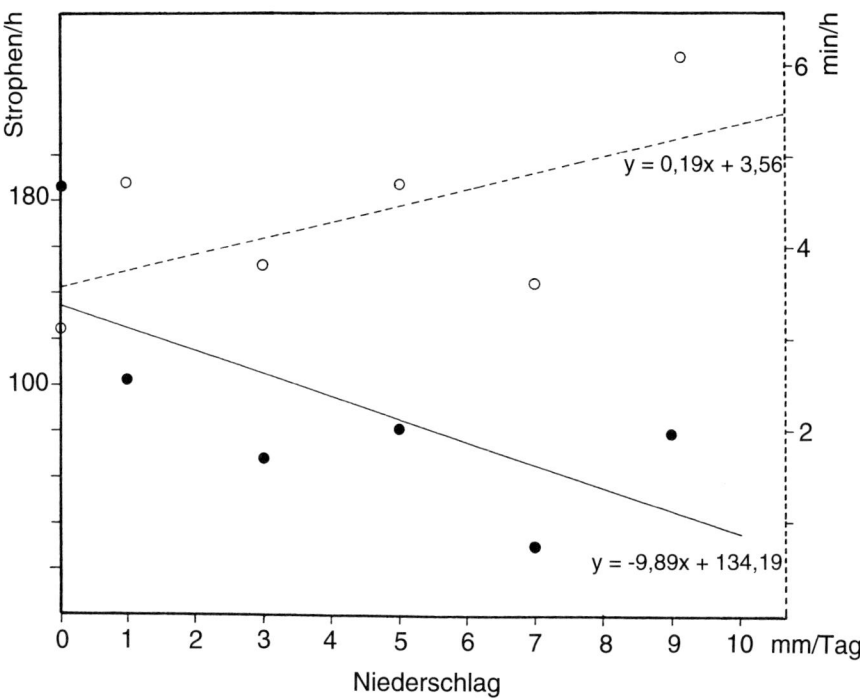

Abb. 23: Abhängigkeit von Gesang (durchgezogen) und Regenrufen (gestrichelt) von der Niederschlagstätigkeit. Bei mehr Regen nimmt der Gesang ab, die Regenrufe nehmen zu. Nach Kemme (1983)

werdender Bewölkung fest. Abweichend ist das Bild, das sich bei der Beziehung der Regenrufe zur Windstärke ergibt. Während die Gesangsintensität mit steigender Luftbewegung gleichmäßig abnimmt, steigt die Regenrufintensität zunächst bis zu 2-3 Beaufort an, sinkt darüber aber ebenfalls ab (Abb. 24). Bei mäßiger Windgeschwindigkeit verdrängt der Gesang die Regenrufe. Starker Wind hemmt die Produktion beider akustischer Signale, vielleicht aufgrund des Geräuschhintergrundes.

Oft hört man Regenrufe mit den „pink"-Alarmrufen des Buchfinken vermischt, wenn sich ein Bodenfeind im Revier aufhält (Peitzmeier 1955, Jakobs 1962, Fleuster 1973). Nicht selten treten sie auch scheinbar spontan in undefinierbarer Situation auf (Sick 1939). Wenn man aus allen diesen Situationen einen gemeinsamen Schluß ziehen will, so kommt man zu dem Ergebnis, daß Regenrufe eine Art **Gesangsersatz** darstellen (Poulsen 1958, Detert & Bergmann 1984, v. Haartman & v. Numers 1992). In Situationen, in denen durch äußere oder innere

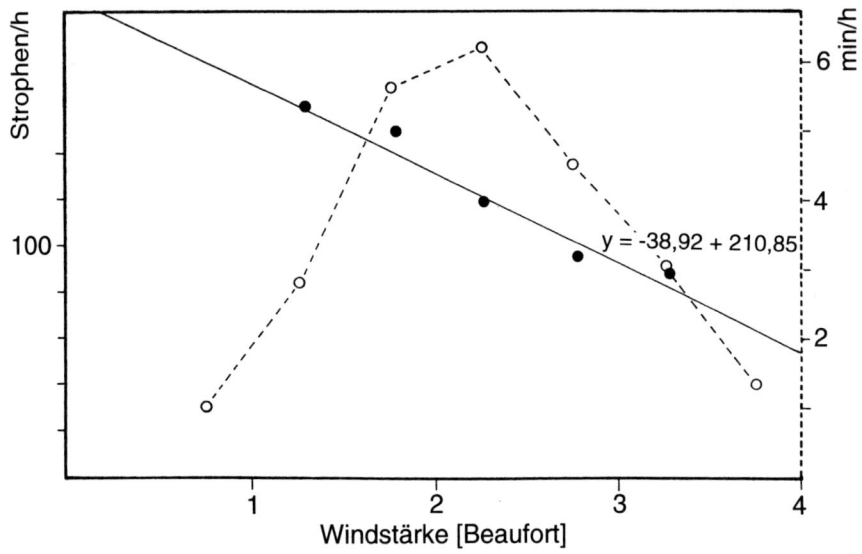

Abb. 24: Abhängigkeit von Gesang (durchgezogen) und Regenrufen (gestrichelt) von der Windstärke. Mit steigender Windgeschwindigkeit nimmt die Gesangsaktivität gleichmäßig ab. Die Regenrufe nehmen zunächst zu und dann wieder ab. Nach KEMME (1983)

Faktoren der Gesang gehemmt ist, werden die weniger aufwendigen Regenrufe produziert. Dafür spricht auch die Beobachtung, daß der Gesang zur Brutzeit vor allem morgens und mittags bis in den Nachmittag zu hören ist (Abb. 39, 40; BERGMANN, unveröff.; BEZZEL 1988), die Regenrufe aber vorwiegend abends (Abb. 41, KEMME 1983; eig. Beob.). Zudem scheint es Buchfinken-Männchen zu geben, die sehr viel singen und nur wenige Regenrufe von sich geben, andere umgekehrt. Über die Brutperiode hin läßt sich meist eine negative Korrelation zwischen Gesang und Regenrufen erkennen (Abb. 44). Um die Zeit des Nestbaus sind sowohl Gesang wie auch die Regenrufe gehemmt, am Ende der Brutzeit nehmen beide ab (KEMME 1984). Nur in seltenen Einzelfällen kann man Regenrufe einmal bis in den Spätherbst hinein hören (S. 92). Bei jungen und alten Männchen tritt im Herbst an die Stelle des Gesangs der Subsong (MARLER 1956a, POULSEN 1958).
  Die Produktion der Regenrufe scheint vorwiegend oder vollständig an das Revier gebunden zu sein (MACIEJOK & SAUR in Vorb.). Zur Brutzeit hört man oft in einem Gebiet viele Männchen gleichzeitig Regenrufe vortragen. Das muß aber nicht heißen, daß sie unter gegenseitigem Einfluß stehen, wie einige Autoren vermuten, sondern sie können von denselben Außenfaktoren beeinflußt sein. Vorspiel von Regenrufen vom Tonband brachte nur geringe Wirkung hervor

(DETERT, mündl. Mitt.). Daher ist es derzeit nicht experimentell gesichert, daß die Regenrufe den Gesang auch funktionell ersetzen.

7.2 Regenruf - ein Dialektmodell

Wie schon oben berichtet, hat NOTTEBOHM (1972) an Buchfinken-Männchen gezeigt, daß Regenrufe bei isolierter Aufzucht nicht art- oder populationsspezifisch entwickelt werden, sondern aberrant. Umgekehrt können Buchfinken fremde Vorbilder als Regenruf übernehmen, wenn ihnen ein arteigenes fehlt. Ich selbst habe einen jungen Buchfinken ohne Artgenossenvorbild aufgezogen. Der Vogel hörte aber häufig den Kontaktruf eines Wellensittichs (*Melopsittacus undulatus*). Diesen übernahm er in sein Repertoire und verwendete ihn als Regenruf (BERGMANN 1987, Abb. 25 r). Er hat ihn später noch modifiziert.

Der Regenruf ist diejenige Lautäußerung, die die Rufdialektbildung bei Vögeln am auffälligsten und regional auch auf engstem Raum demonstriert. Die geographische Variation der Regenrufdialekte erreicht ein solches Ausmaß, daß auch geübte und erfahrene Kenner wie STADLER (1930) einige der Dialekte wie das gartenrotschwanzartige ,,huit" oder das ,,Quäken" für eigenständige Ruftypen des Buchfinken und nicht für Varianten des Regenrufs angesehen haben. Wir kennen heute in Mitteleuropa eine begrenzte Anzahl von in freier Natur vorkommenden Varianten des Regenrufs (Tab. 2, Abb. 25).

Tab. 2: Formen des Regenrufs in Mitteleuropa

(1) Huit - oder hüit, ähnlich wie Alarmrufe des Gartenrotschwanzes (*Phoenicurus phoenicurus*)

(2) dschäd, Quäken...

(3) dlid oder flip, it, brid, z.T. mehrsilbig, etwa grü-glü

(4) hiid oder hied...

(5) wrüd oder rrüd, prri, trief usw. (eigentliches Rülschen)

Auch die von DESFAYES (1951) für das Wallis in der Schweiz aufgezählten Dialekte lassen sich weitgehend mit den oben genannten Formen oder mit Mischrufen identifizieren. Auf den Kanarischen Inseln hört man Regenrufe recht selten. Hier treten Sonderformen auf, die sich von dem Repertoire in Mitteleuropa unterscheiden (Abb. 25 n,o). Es wäre von Interesse, auch die Regenrufe der neuen Populationen in Neuseeland, auf den Chatham-Inseln und in Südafrika kennenzulernen.

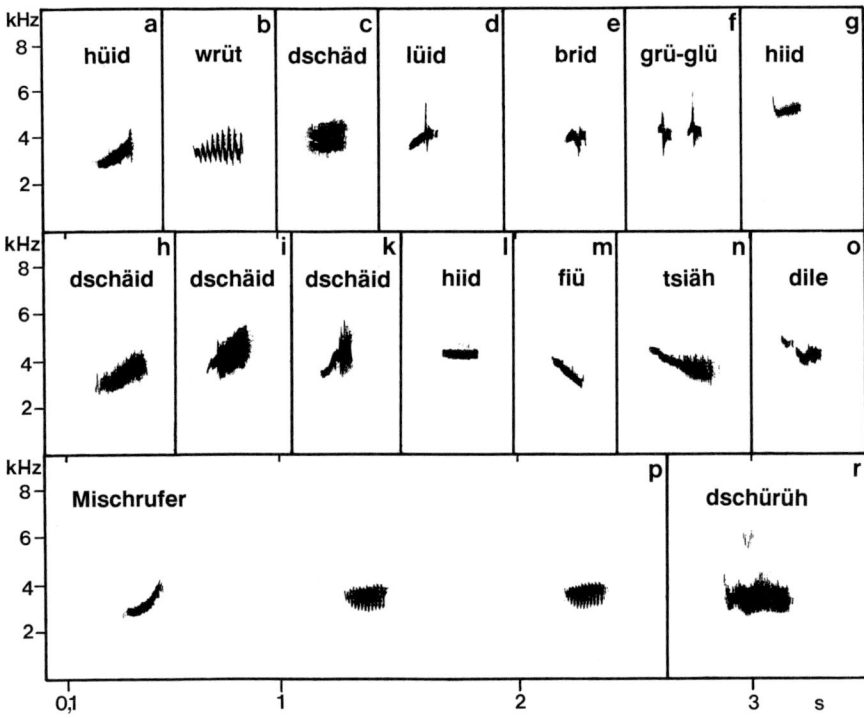

Abb. 25:　Vielfalt der Traditionen: Regenrufe von Buchfinken im Sonagramm.
a „hüid", Menorca, 3.4.77; b „wrüt", 3.5.71 bei Marburg/L.; c „dschäd" bei Osnabrück;
d „lüid", 8.7.76, Westfrankreich; e „brid", 20.7.80 Bad Iburg bei Osnabrück; f „grüglü"
15.5.86, Cloppenburg; g „hiid", 8.6.85, Hasbergen bei Osnabrück. h Superpositions-
mischruf zwischen „hüid" und „dschäd", 24.6.84, bei Osnabrück; i Mischruf zwischen
„hüid" und „dschäd", 15.5.80, Dümmer/Hüde; k Mischruf zwischen „hüid" und „dschäd",
21.4.79, bei Osnabrück; l „hiid", 16.5.76, Thrazien; m „fiü", 29.3.83, Kreta; n „tsiäh",
8.4.89 Teneriffa (*F.c.tintillon*); o „dile", 5.4.91, La Palma (*F.c.palmae*). p Wechselmischrufer aus der Osnabrücker Umgebung, der zwischen „hüid" und „wrüt" wechselt; r Regenruf eines handaufgezogenen Männchens ohne Freilandvorbild, aber mit Kontakt zu einem
Wellensittich. Der Regenruf („dschürüh") hört sich wie ein Distanzruf eines Wellensittichs
an. 9.6.1983, Käfig, Osnabrück. Alle Aufn. u. Sonagramme vom Verf.

7.3　Regenruf-Dialektgrenzen: weich oder hart?

Bei seiner Kartierung dreier verschiedener Dialekte in der Stadt Stuttgart hat SICK
(1939) auch auf die Ausbildung von Dialektgrenzen geachtet, ohne sich damals

schon der Sonagraphie bedienen zu können. Er kam zu folgendem Ergebnis:
,,Laufen Dialektgrenzen durch mehr oder weniger gleichmäßige Biotope, ... so
entsteht eine Mischzone. In diesen Gebieten findet man ein allgemeines Durch-
einander von Rufen: es ertönen sowohl die reinen Dialektformen, als auch mehr
oder weniger gemischte Rufe; die verschiedenen Dialekte verhalten sich also
nicht alternativ." Dem Untersucher wurde der Aufenthalt in der Mischzone direkt
zur Qual, ,,- so sehnt sich das Ohr nach der klaren Bildung der Rufe 'so oder
so'". v. HAARTMANN & v. NUMERS (1992) haben in der Inselwelt SW-Finnlands eine
Dialektgrenze zwischen ,,hüit" und ,,wrüd" über eine Strecke von etwa 80 km
kartiert, aber nicht die Feinstruktur des Grenzübergangs untersucht. KNAB (1992)
hat SICKS Beobachtungen durch eine genaue sonagraphische Analyse verschiedener Dialektgrenzen im Osnabrücker Stadtgebiet in jüngster Zeit bestätigt
(siehe auch KNAB & BERGMANN in Vorb.). Die Grenz- oder Übergangszonen
zwischen den reinen Dialekten dehnen sich häufig über eine Breite von mehreren
Kilometern aus (Abb. 26). Hier treten verschiedene Typen von Mischrufern auf:

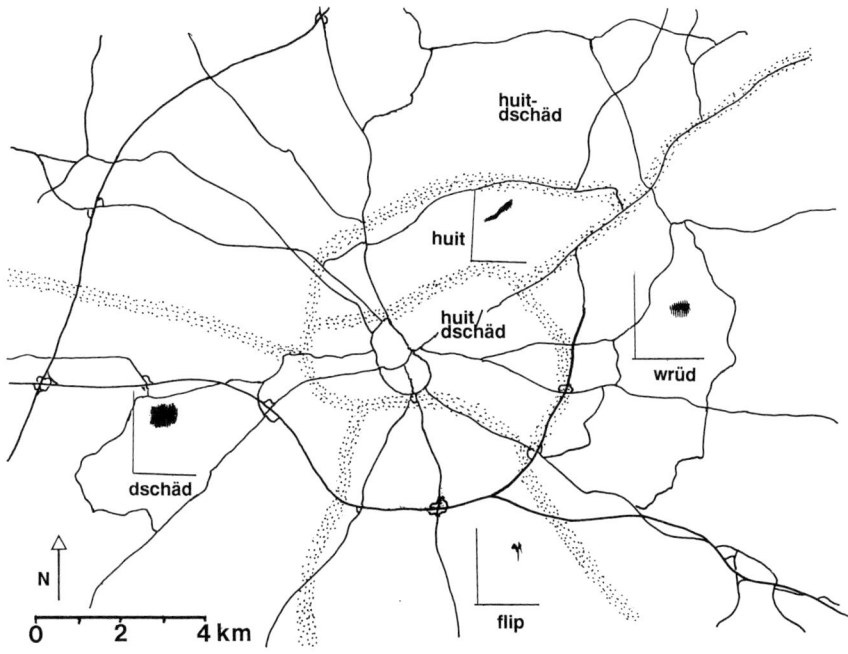

Abb. 26: Vier Regenrufe verteilen sich auf das Osnabrücker Stadtgebiet. Gepunktet:
Übergangszonen. Huit-dschäd: Wechselmischrufer; huit/dschäd: Kombinationsmischrufer.
Nach KNAB & BERGMANN in Vorb.

(a) Alternative oder **Wechselmischrufer** (Abb. 25 p, 27 c) sind zweisprachig: sie beherrschen zwei Dialekte, setzen sie allerdings in einer zwischen den Individuen stark schwankenden Häufigkeit ein. Der Anteil „huit" in einer Mischrufer-Population mit „dschäd" variierte bei 12 Individuen zwischen 1,3 und 98,3 %. Beim Individuum selbst hält er sich einigermaßen konstant. In 6 größeren Stichproben eines einzelnen Männchens schwankte er nur zwischen 99,3; 100; 100; 100; 93,5 und 100 % (DETERT & BERGMANN 1984).

(b) **Kombinationsmischrufer** (Abb. 27 e) stellen aus Anteilen zweier reiner Dialekte einen Hybridruf her. Meist bleiben die Eigenschaften beider Reindialekte erhalten. Der Vogel schaltet vom einen Typ, meist ein „huit", innerhalb des Rufes auf den anderen über. Die meßbaren Anteile der beiden Rufe können wieder stark schwanken, sind aber beim Individuum über längere Zeit relativ konstant. Solche Kombinationsmischrufe können sich

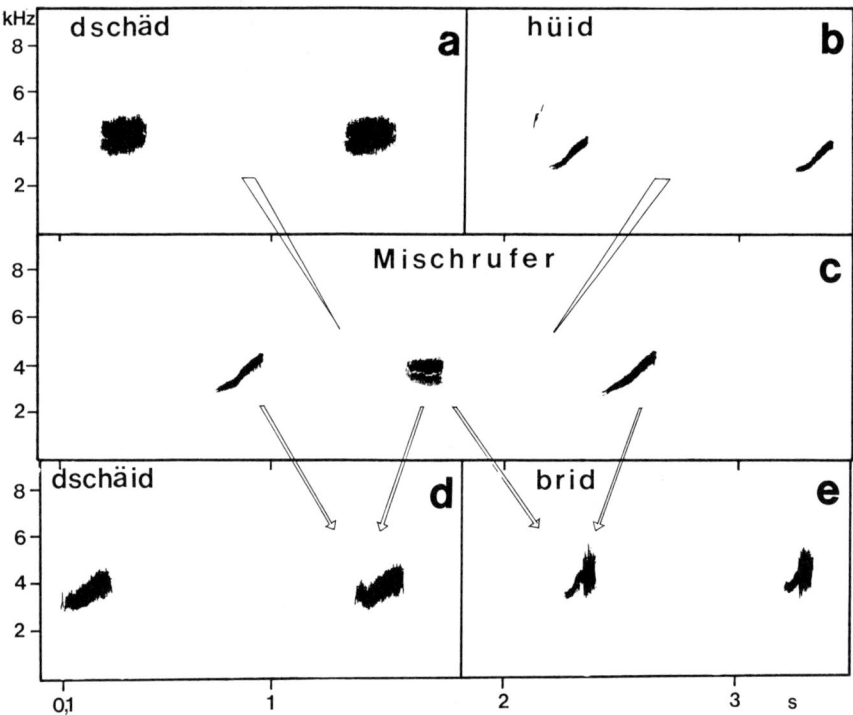

Abb. 27: Die Entstehung der Mischrufer: **a** reines „dschäd"; **b** reines „hüid"; **c** Wechselmischrufer (zweisprachig); **d** Superpositionsmischrufer „dschäid" aus beiden Komponenten, die simultan aufeinandergelagert sind; **e** Kombinationsmischrufer: die beiden Komponenten wechseln sich innerhalb des Rufes ab. Alle Aufnahmen aus Osnabrück. Aus BERGMANN (1984)

auch ausbreiten und eigene Dialektgebiete ausbilden. Das ist im Stadtzentrum von Osnabrück in einem Teilgebiet der Fall (Abb. 26), gilt aber auch für das Grenzgebiet zwischen zwei Dialekten in Finnland (v. HAARTMAN & v. NUMERS 1992).

(c) Nur selten sind **Superpositionsmischrufer** (Abb. 27 d) beobachtet worden. Bei ihnen lagern sich zwei reine Dialekte in ihrer gesamten zeitlichen Erstreckung aufeinander. Sie stellen einen Grenzfall zu den Kombinationsmischrufern dar.

Die Typen von Mischrufen können auch ihrerseits wieder kombiniert werden. Ein Wechselmischrufer kann zwischen einem reinen und einem Kombinationsmischruf oder gar zwischen zwei verschiedenen Kombinationsmischrufen wechseln.

Bei der Analyse mehrerer Querschnitte (Transekte) über Dialektgrenzen hin ließ sich nun feststellen, daß der eine Dialekt über Kombinationsmischrufer allmählich in den anderen Dialekt überging. Im Übergangsgebiet wurde der Zeitanteil des einen Dialekts in den Rufen Schritt für Schritt durch den anderen Dialekt ersetzt (Abb. 28). Jeder Buchfink hat in der Übergangszone einen nach seinem Regenruf recht genau festgelegten Platz. Das macht wahrscheinlich, daß der junge Buchfink, als er sich hier ansiedelte, einen Mittelwert zwischen den Rufformen seiner Nachbarn gebildet hat. Er muß mindestens zwei Vorbilder beim Lernen seines Regenrufs gleichzeitig berücksichtigt haben. THIELCKE (1992) hat Mittelwertbildung bei Gesangsdialekten von Gartenbaumläufern (*Certhia brachydactyla*) als Mittel der Konstanthaltung diskutiert.

Das Osnabrücker Dialektsystem hat sich seit einer Reihe von Jahren erhalten. Damit das möglich ist, müssen mehrjährige Buchfinken relativ ortstreu sein. Das ist schon durch Untersuchungen von BERGMAN (1956), später durch MIKKONEN (1983) und SCHREIBER (1989) belegt worden (S. 113).

Nach unserem Ergebnis sind die Dialektgrenzen durch das Auftreten von Wechsel- und Kombinationsmischrufern aufgeweicht. Dafür, daß derartige weiche Dialektgrenzen zustandekommen, ist wahrscheinlich auch die Tatsache verantwortlich, daß im Osnabrücker Untersuchungsgebiet physisch-strukturelle Hindernisse für die Buchfinkenpopulation fehlen. Wo ausgedehnte baumfreie, also von Buchfinken nicht besiedelte Zonen auftreten, können auf Distanz durchaus ,,scharfe" Dialektgrenzen erwartet werden (SICK 1939). Das Auftreten weicher Dialektgrenzen spricht dagegen, daß dem Einzeldialekt eine besondere autökologische oder populationsökologische Funktion zukommt. Vielmehr könnte das Dialektsystem ein Zufallsergebnis des Tradierens des Regenrufs im Sinne von SLATER (1989) sein, wie es für Gesänge auch durch eine Computersimulation wahrscheinlich gemacht wurde (GOODFELLOW & SLATER 1986). Bedingung dafür, daß es sich so erhält, ist allerdings u.a., daß die Buchfinken selbst keine ausgeprägte Selektion treiben. Buchfinken mit verschiedenen reinen Dialekten oder Mischrufer müßten die gleichen Fortpflanzungschancen haben.

Weiche Dialektgrenzen bei Vögeln sind bisher wenig untersucht worden. LOUGHEED et al. (1989) haben im Gesang der mittel- und südamerikanischen

SÜDOST-TRANSEKT

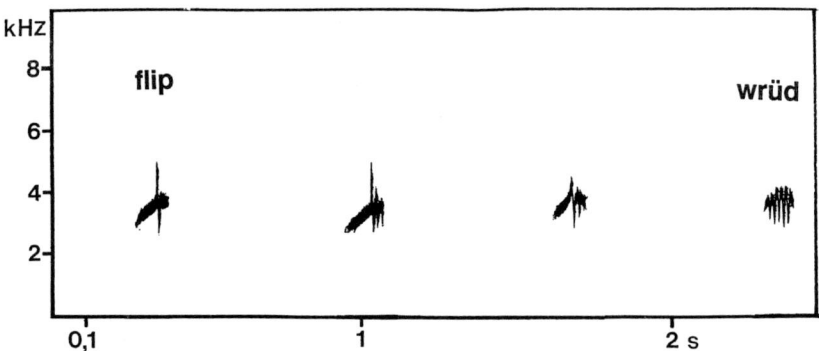

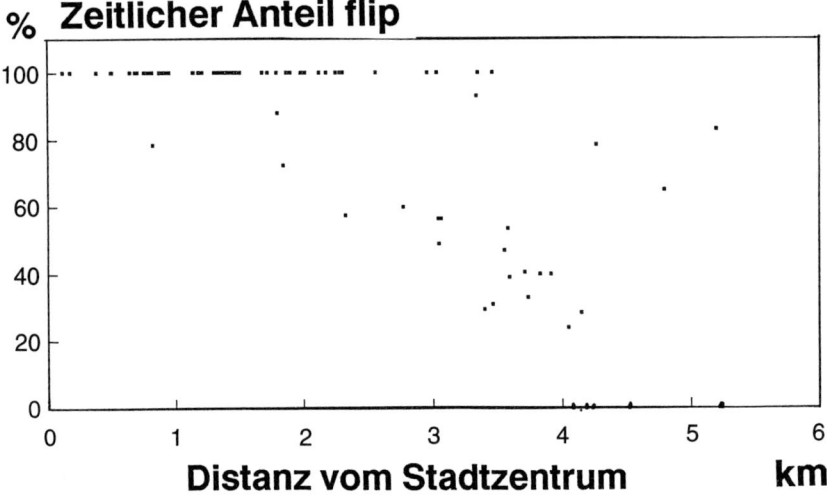

Distanz vom Stadtzentrum **km**

Abb. 28: Eine weiche Dialektgrenze beim Buchfinken: Transekt von einem reinen ,,flip''-Gebiet im Süden von Osnabrück zu einem reinen ,,wrüd''-Gebiet im Südosten. Oben: ,,flip'' und ,,wrüd'' mit zwei Zwischenformen oder Kombinationsmischrufen im Sonagramm. Unten: Der zeitliche Anteil des ,,flip'' in den Rufen der einzelnen Männchen, in % ausgedrückt, nimmt vom südlichen Stadtzentrum ostwärts allmählich ab. Nach KNAB (1992)

Morgenammer (*Zonotrichia capensis*) weiche Übergänge zwischen einem schnellen Triller im Flachland und einem langsamen im Hochland entdeckt.

7.4 Fremdimitationen beim Regenruf

CONRADS (1982) hat auf der dänischen Ostseeinsel Bornholm Regenrufe vom Typ „hiid" oder „hied" aufgenommen. Sie entsprechen weitgehend den Alarmrufen des dort sehr häufigen Sprossers (*Luscinia luscinia*). CONRADS hält Fremdimitation für möglich, obwohl die Rufe beim Buchfinken ein wenig tiefer und kürzer waren als die Sprosserrufe. Ein auf der Kanarischen Insel La Palma aufgenommener Regenruf „dile" (Abb. 25 o) entspricht einer vereinfachten Form des Gesangs des dort ebenfalls häufigen Kanarenpiepers (*Anthus berthelotii*) (BERGMANN unveröff.). Im Kaukasus gibt es ganze Rufgesellschaften von Arten mit gleichen „hiid"-Rufen, worin auch der Buchfink beteiligt ist (BERGMANN in Vorb.).

BAPTISTA (1988) kommt aufgrund seines Materials vom Bodanrück am Bodensee, wo zwei verschiedene Dialekte und ihre Übergangsformen auftreten, zu einer ganz anderen Überzeugung. Er vermutet, daß die verschiedenen Varianten des Regenrufs miteinander homolog sind und spontan, d.h. durch Improvisation auseinander entstehen können. Nur so sei die mosaikartige Verbreitung gleicher Dialekte verstehbar. Allerdings ist die kulturelle Hybridisierung von zwei verschiedenen Regenruftypen kein Kriterium für Homologie. Auch nicht-homologe Strukturen können sich in Lernprozessen bei Tradition gegenseitig ersetzen. Ich fasse die verschiedenen Ruftypen als nicht-homolog auf. Sie sind unabhängig voneinander, allerdings auf der Basis einer gemeinsamen Lerndisposition entstanden. Dabei kann Fremdimitation eine Rolle spielen. Wichtig für das mosaikartige Auftreten immer wieder derselben Dialekte sind die Dispersionsdynamik der Buchfinken und ihr Lernverhalten. Ein bestimmter Ruftyp wird irgendwohin transportiert, siedelt sich dort an und breitet sich aus. Erstaunlich ist, daß bei der Imitationsbegabung der Buchfinken-Männchen für verschiedene Regenrufe der Standortlaut der Jungvögel anscheinend nirgends zum Regenruf geworden ist, ebensowenig wie der Frühlingsruf des Männchens (s.u.). Beide erfüllen als Kurzrufe mit der ungefähren Wiederholfrequenz von 1 Hz durchaus die Anforderungen von Regenrufmodellen. Man könnte hier von einer negativen Lerndisposition reden. Die Zahl der verschiedenen in Europa auftretenden Regenruftypen ist sehr begrenzt. BAPTISTA (1988) hat bei seiner sorgfältigen Kartierung am Bodensee zwei bekannte Dialekte und ihre Übergangsformen gefunden: das „huit" und das „dschäd" (dort als „rülsch" bezeichnet). STRESEMANN (1943) zählt für verschiedene Teile Europas auch nur die bekannten Ruftypen auf (s.S. 53).

8 Das Inventar der Rufe

8.1 Rufe erwachsener Vögel

Das Rufrepertoire der Altvögel ist umfangreich und klar gegliedert. Es ist erstmals von Marler (1956b) zusammengestellt worden (s. auch Bergmann & Helb 1982, Bergmann 1987). Marler beginnt seine klassische Arbeit zum Thema „Die Stimme des Buchfinken und ihre Funktion als Sprache" mit der Feststellung, daß das Stimminventar des Buchfinken im Vergleich mit anderen Finkenvögeln vielgestaltig sei. Neben mehreren häufigen Rufen gibt es darin allerdings auch solche, die man relativ selten zu hören bekommt. Marler unterscheidet 12 Formen von Lautäußerungen, darunter 10 Rufe. Ich werde mich darum bemühen, sie mit beschreibenden Begriffen zu benennen, die entweder das akustische Erscheinungsbild wiedergeben oder die zugehörige Situation. Ich folge dabei der von Marler vorgegebenen Reihenfolge.

Flugruf: Der Flugruf ist ein kurzes, verhaltenes „tjup" oder „djüb", einzeln oder mehrfach wiederholt (Abb. 29 c). Es besteht aus einem einzigen steil herabgezogenen Element, oft mit einem Oberton. Es wird vor dem Abflug oder während des Fluges von Männchen wie von Weibchen vorgebracht, zeigt also Flugbereitschaft an.

Pinken: Dieser Ruf ist es, der dem lautmalerischen Namen „Fink" zugrundeliegt. Er besteht im Sonagramm aus einem kurzen, steil ansteigenden, obertonreichen Teil, dessen unterster Formant in ein horizontales oder absinkendes tonales Band übergeht (Abb. 29 a). Sowohl vom Männchen als auch vom Weibchen ist er während des ganzen Jahres zu hören. Wenn brütende Weibchen das Nest verlassen, äußern sie bei Störung fast ständig „pink"-Rufserien, während man vom Männchen Regenrufe, Gesang und andere Lautäußerungen hören kann. Der Ruf kann - in seiner schwächsten Form - einsilbig oder zweisilbig vorgebracht werden und wird dann als Sozialruf bezeichnet. Er tritt in dieser Form besonders beim Landen auf, am meisten beim Einzelvogel, mit abnehmender Häufigkeit bei Trupps zunehmender Größe (Abb. 30). 47 gelandete Einzelvögel riefen meist weniger als 10, maximal 40, durchschnittlich 5,9 „pink"-Rufe. Die Vögel waren sichtlich auf der Suche nach Artgenossen. Als mehrsilbigen Alarmruf lösen den Ruf Bodenfeinde oder sitzende Flugfeinde aus, besonders in der Nähe des Nestes. Er wird dann je nach Erregung zu 2- bis 5-silbigen Strophen gereiht. Bei noch höherer Erregung kann er sogar ununterbrochen wiederholt werden. Er wirkt nicht nur auf Artgenossen, sondern auch auf Angehörige vieler anderer Arten alarmierend und löst u.u. gemeinschaftliches Hassen aus (S. 107).

Schmerzruf: Wird ein Buchfink beim Kampf verletzt oder gefangen und in der Hand gehalten, so kann er einen gedehnten kreischenden Ruf ertönen lassen.

Angriffsruf: Seltener gedehnter Ruf der Männchen nach MARLER (1956b). POULSEN (1958) hörte ihn in Dänemark von beiden Geschlechtern bei der Verteidigung des Nestes gegen Beutegreifer.

Luftfeindalarmruf: Sehr bezeichnend ist der hoch- und reintonige, scharfe „siih"-Ruf der Männchen, den sie zur Brutzeit vor allem dann hören lassen, wenn sich ein fliegender Greifvogel am Himmel zeigt. Der Ruf liegt zwischen

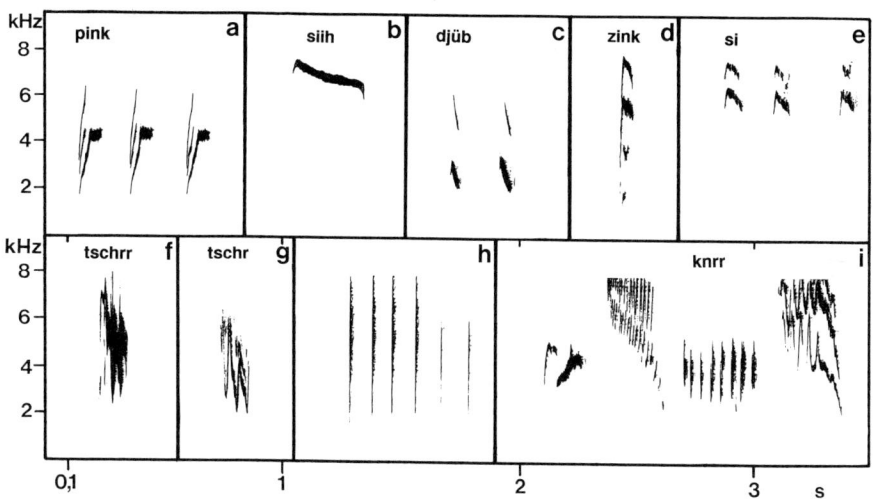

Abb. 29: Sonagramme von Rufen europäischer Buchfinken. **a** Dreisilbiges Pinken; **b** Luftfeindalarmruf „siiht"; **c** Flugruf „djüb" eines Männchens; **d** Erregungsruf „zink" eines Männchens (Aufn. J. HEYMANN); **e** Begattungsaufforderung „sisisi" eines Weibchens; **f** Frühlingsruf „tschrr" eines Männchens; **g** Standortlaut „tschr" eines eben flügge gewordenen Jungvogels; **h** Schnabelknappen als Instrumentallaut bei Abwehr, männlicher Käfigvogel; **i** Subsong mit Schnarren bei einem Kaspar-Hauser-Männchen im Frühjahr. Alle Aufnahmen außer d und Sonagramme vom Verf., Original

7 und 8 kHz, ist gedehnt, sinkt in der Tonhöhe ein wenig ab, setzt leise an und klingt ebenso aus (Abb. 29 b). Er ist nach Beobachtungen von MARLER (1957) schwer zu orten. Ähnliche, offenbar konvergent entwickelte Alarmrufe findet man bei mehreren Singvogelarten, wie z.B. der Goldammer (*Emberiza citrinella*), der Rohrammer (*E. schoeniclus*), Kohl-, Blau- und Sumpfmeise (*Parus major, P. caeruleus, P. palustris*), bei Rotkehlchen (*Erithacus rubecula*) und Amsel (*Turdus merula*). Sie wirken auch zwischenartlich. Der Buchfink selbst sitzt beim Rufen bewegungslos, Artgenossen flüchten in Deckung, wenn sie ihn hören. Der Ruf wird gelegentlich auch in unspezifischer Situation, z.B. bei Annäherung von Bodenfeinden, nach der Begattung, angesichts anderer Männchen (POULSEN 1958), zuweilen auch mit Pink-Alarm und anderen Rufen gemischt hervorgebracht. Gefangene und in der Hand gehaltene Männchen lassen ihn ebenfalls hören, bei höchster Erregung auch mit kurzen Nachschlägen ,,siih-sisisi".

Regenruf: s. S. 51ff.

Erregungsruf des Männchens: Ein hoher Kurzruf des Männchens (,,ksip", ,,zink"), einzeln oder gereiht zur Fortpflanzungszeit vorgebracht. An einem fast senkrecht aufsteigenden Teil hängt eine abfallende Fahne. Deren Frequenzschwerpunkt liegt etwa bei 6 kHz, doch kann sie von einem harmonischen Frequenzspektrum begleitet sein, das sich über den gesamten analysierten Bereich erstreckt (Abb. 29 d). Die Männchen äußern ihn sowohl nahe dem Weibchen als auch in aggressiver Situation angesichts eines anderen Männchens.

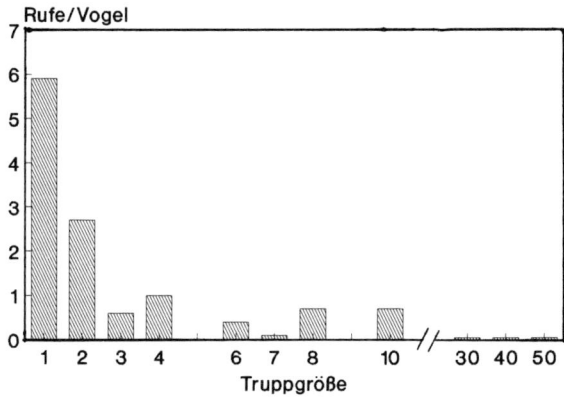

Abb. 30: Je größer der landende Buchfinkentrupp, desto geringer die Wahrscheinlichkeit, daß der einzelne Vogel das einsilbige ,,pink" ruft. Die einzelnen ,,pink"-Rufe sind daher als Sozialrufe zu erkennen. Sie werden praktisch nur von Einzelvögeln gebracht. In der Gruppe ertönen sie kaum. Nach MARLER (1956)

Frühlingsruf des Männchens: Der Ruf, den man mit „tschilp" oder „tschrr" umschreiben und gut mit dem Tschilpen des Haussperlings (*Passer domesticus*) vergleichen kann (Abb 29 f), gehört ebenfalls in das Frühjahr. Man hört ihn oft anscheinend spontan produziert in langer monotoner Reihung, ähnlich wie die Regenrufe. Er tritt aber auch während der Werbung auf. BERGMAN (1953) gibt an, ihn von 10 % der Männchen und auch von Weibchen gehört zu haben. Er erinnert nach Gehör und Sonagramm frappierend an den Standortlaut der flüggen Jungvögel (Abb. 29 g). Er steigt zunächst steil an; der nachfolgende schräge Abstieg ist 1-3mal grob frequenzmoduliert.

Begattungsaufforderungsruf des Weibchens: Zur Paarungszeit äußert das Weibchen diesen Ruf (Umschreibung „zit" oder gereiht „sisisi...") vor der Begattung, aber auch ohne werbende Anwesenheit des Männchens, zuweilen sogar während der Nahrungssuche. Er ist nach Klang und Bau dem Erregungsruf des Männchens sehr ähnlich, unterscheidet sich allerdings nach dem vorliegenden Material durch geringere Ausprägung der unteren harmonischen Formanten (Abb. 29 e).

HINDE (1953) hat einige weitere Ruftypen genannt, die nicht leicht zuzuordnen sind.

8.2 Rufe der Jungvögel

Nestlingsrufe: Schon am 2. Tag nach dem Schlupf hört man von den noch blinden Nestlingen die ersten hohen und noch sehr leisen piep-Rufe. Nach Untersuchungen an anderen Nesthockern ist zu vermuten, daß der Embryo noch im Ei die ersten Rufe äußert, um so mit den Eltern zu kommunizieren (THALER, mündl. Mitt., BERGMANN et al. in Vorb.). Schon am 2. Tag kann man erkennen, daß die beiden Inneren Tympanalmembranen der Syrinx des kleinen Vogels unabhängig voneinander arbeiten und unterschiedlich hohe Töne erzeugen können. Schon der Nestling ruft also zweistimmig. Ungefähr am 6. Tag kommen längere gedehnte Bettelrufe hinzu, die heiser und unrein klingen (WILKINSON 1980).

Ästlingsruf: Um den 10.Tag entwickelt sich noch bei den Nestlingen ein „tschirp" oder „tschr" (Abb. 29 g), das später der Standort- und Bettelruf der flüggen Jungvögel wird (WILKINSON 1980). Ob dieses mit dem Tschilpen als dem Frühlingsruf des erwachsenen Buchfinken-Männchens homolog ist, sei dahingestellt. Beide sind sich jedenfalls sehr ähnlich. Überraschend und oft irreführend ist auch die Ähnlichkeit mit dem Tschilpen des Haussperlings, was leicht zu Verwechslungen führen kann. Auffallenderweise werden sowohl der Standortlaut der flüggen Jungvögel als auch der Frühlingsruf des Männchens und die Regenrufe mit ähnlicher Wiederholfrequenz hervorgebracht werden, nämlich etwa einmal pro Sekunde. Der **Alarmruf** „tju" ist von MARLER (1956b) für Jungvögel beschrieben worden. Er tritt bei handaufgezogenen Vögeln etwa ab dem 30. Lebenstag auf (MARLER 1956a). Er wird bei plötzlichen starken Reizen, dem Knacken eines Astes oder dem Erscheinen eines fliegenden Greifvogels geäußert und ist mit Fluchtverhalten verbunden. Er geht im Lauf der Jugendentwicklung fließend in den Pinkruf über.

MARLER (1956b) hat den Rufen verschiedene Kommunikationsinhalte zugeordnet, nämlich: Identifikation (z.B. nach Art, Population, Alter, Geschlecht, Individuum); Lokalisierung; Handlungsbereitschaft (Kundgabe des inneren Zustandes); Umwelt (z.B. Annäherung eines Feindes). Nicht alle Inhalte müssen bei jedem Ruf gegeben sein.

8.3 Instrumentallaute

Das Schnabelknappen (Abb. 29 h) tritt beim Buchfinken oft in gereihter Form an die Stelle der schnarrenden Aggressionsrufe der anderen Finkenvögel (BERGMANN & HELB 1982). Außerdem hört man es als einzelnes Geräusch beim Fang fliegender Insekten (s.S. 101).

9 Der Lebensraum und seine Nutzung

9.1 Wo ein Baum ist, ist auch ein Buchfink

Auf diese einfache Formel könnte man die Lebensraumansprüche des Buchfinken zur Fortpflanzungszeit auf den ersten Blick reduzieren. Er ist in der Tat ein nicht sehr anspruchsvoller und sehr häufiger - vielleicht der häufigste, sicher der verbreitetste - Vogel in Mitteleuropa. Sowohl im Mischwald als auch in Feldgehölzen, Alleen, Baumgruppen, Knicks, Obstplantagen, Parks und Gärten, ja sogar in reinen Kiefern- und selbst in Fichtenforsten siedelt er sich an, die von den meisten Vogelarten gemieden werden. So gesehen ist er also ein Generalist. Sein Name „Buchfink", der sich auf die Rotbuche (*Fagus silvatica*) bezieht, sagt

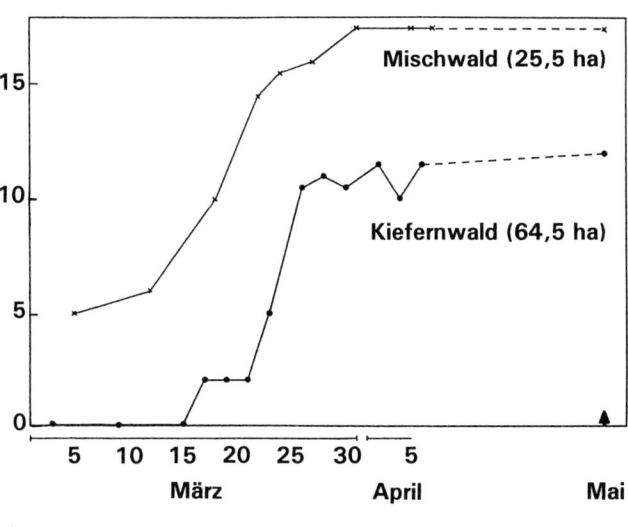

Abb. 31:
Mischwald wird früher und in größerer Dichte besiedelt als Kiefernwald.
Ordinate: Anzahl der Reviere.
Nach GLAS (1960)

Mischwald (25,5 ha)

Kiefernwald (64,5 ha)

daher lange nicht alles über sein Vorkommen. ,,Man nenne ihn am besten einfach **Fink** nach seinem ihm eignen Lockton und vermeide das nach Tugendlehre riechende 'Edelfink' " (O. & M. HEINROTH 1927). Die Holländer nennen die Art tatsächlich ,,Vink".

Buchfinken scheuen sich nicht einmal davor, in Fichtenstangenhölzern zu leben. Sie bevorzugen dabei Altersklassen zwischen 20 und 30 Jahren. Fichtendickungen bis zu 15 Jahren wurden nicht genutzt, ebensowenig entsprechende Dickungsbestände von Laubhölzern (MULSOW in PUCHSTEIN 1973). Ihre Minimalansprüche umfassen aber deutlich mehr als nur einen Baum. PUCHSTEIN (1973) beschreibt sie folgendermaßen: ,,Für die Ansiedlung eines Buchfinken-Paares ist eine 0,2 bis 0,5 ha große Fläche notwendig, die mit mindestens 3-5, etwa 30- bis 40jährigen, 8-10 m hohen Bäumen bestanden sein muß und keine zu dichte Kraut- und Strauchschicht aufweist."

Für die nordwestdeutsche Kulturlandschaft fand SCHREIBER (1989) die besten Fortpflanzungserfolge in einem Lebensraum mit folgenden Eigenschaften: Die Fläche sollte nicht zu nahe an einem geschlossenen Waldgebiet liegen. Sie sollte zu 10 % bebaut sein (Bauernhof), zu 30-35 % mit Laubbäumen, vorzugsweise Eiche und Erle, zu etwa 15 % mit Fichten, aber nicht mit anderen Nadelbäumen bestanden sein. Die Restfläche von etwa 40 % sollte entweder befestigt oder mit Acker bzw. Beeten oder Wiese bzw. Rasen bedeckt sein.

Die Eignung solcher Flächen erklärt sich folgendermaßen: In den Fichten stehen bevorzugte Neststandorte (S. 93f) zur Verfügung. Die Nähe von Gehöften oder anderen bewohnten Bauten sichert die Winternahrung mit Fütterung oder Maissilos. Laubbäume, insbesondere Eichen, bieten sehr gute Sommernahrung, besonders für die Aufzucht der Jungvögel. Die Entfernung vom geschlossenen Wald garantiert, daß nur wenige Eichelhäher (*Garrulus glandarius*) auftauchen, die den Bruten sehr gefährlich werden können. Eichelhäher sind in ihrem Vorkommen weitgehend an den Wald gebunden. An ihre Stelle dürfen allerdings nicht andere Beutegreifer treten. Schließlich: Der offene Untergrund garantiert, daß der Buchfink am Boden Nahrung suchen kann.

Buchfinken kommen aber keineswegs nur in Optimalflächen von der beschriebenen Qualität vor. Sie nehmen auch - in geringerer Siedlungsdichte - mit anderen Flächen vorlieb. SCHREIBER (1989) hat allerdings festgestellt, daß keineswegs alle Flächen, auf denen Buchfinken vorkommen, auch erfolgreich von ihnen genutzt werden. Nur auf einem Teil der Flächen kommt es zu Fortpflanzungserfolg. Auf nur 3% der überhaupt für eine Brut in Frage kommenden Raster seiner Untersuchungsfläche wurden mehr als 50 % der Jungvögel flügge. Im Eichenbestand sind die Chancen größer als im Kiefernwald. Daß nur ein Teil der Population aktiver Träger der Fortpflanzung ist, ist ein auch von anderen Vogelarten bekanntes Grundphänomen.

Die Bevorzugung von Mischwald gegenüber dem Kiefernwald ist schon von GLAS (1960) beschrieben worden. Er stellte auf einer Untersuchungsfläche in den westlichen Niederlanden fest, daß Mischwaldbestände früher im Frühjahr von den Buchfinken besetzt werden als die Kiefernflächen (Abb. 31) und daß hier auch eine höhere Siedlungsdichte erreicht wurde. Er schließt daraus, daß die Buchfinken erst dann die suboptimalen Biotope besiedeln, wenn die optimalen schon besetzt sind. Die in der Konkurrenz um die besten Positionen unterlegenen Individuen werden in die zweitklassigen Lebensräume abgedrängt. Überdies hat sich die Siedlungsdichte in den Mischwaldbiotopen über die Jahre hin als viel konstanter erwiesen als in den Kiefernwäldern. Die Kiefernbestände puffern die Siedlungssdichte des Mischwaldes ab. Zu ähnlichen Ergebnissen kam SCHREIBER (1989).

Zur Zugzeit kann man Buchfinken auch an baumlosen Standorten antreffen. Eine Feldvogelzählung Ende September ergab unter 5000 Rastvögeln in offenem Gelände 8,5 % Buchfinken - die vierthäufigste Art nach Kiebitz (*Vanellus vanellus*), Star (*Sturnus vulgaris*) und Haussperling (PUCHSTEIN 1973).

9.2 Ein Stück aus dem Kuchen: das Revier

Wie das Revierbesetzen im Frühjahr in Skandinavien vor sich geht, hat BERGMAN (1953) eingehend beschrieben: ,,Aus einem meist kleinen in Baumhöhe umherfliegenden Schwarm bricht ein Männchen den Zug ab, läßt sich in einem Baumgipfel nieder und fängt an, erregt zu singen und zu warnen. Die unmittelbare Nähe (bis 10 m) schon singender Männchen wird meistens vermieden, obwohl der Gesang gleichzeitig die überfliegenden Vögel attrahiert und also ihr Revierbesetzen beschleunigt. Der Vogel blickt eifrig umher und hält das Nackengefieder gesträubt, dann und wann zuckt er mit dem Schwanz oder mit dem Flügel. Der erregte Gesang des Neuangekommenen dauert einige Minuten bis etwa eine Stunde. Oft fliegt er nach einigen Strophen bis etwa 200 m einem anderen Baumgipfel zu und setzt den Gesang dort fort. Später am Tage sucht der Vogel ruhig Futter weiter unten in den Bäumen oder am Boden, läßt aber als Zeichen schwacher oder (z.B. in der Nähe von Krähen) gehemmter Gesangsstimmung den 'Regenruf' sporadisch hören.''

Aus dem gegebenen Raumangebot seines Habitats schneidet sich jedes Buchfinkenmännchen einen Raum- bzw. Flächenanteil heraus, den man als **Revier** oder **Territorium** bezeichnet. Dazu verwendet es verschiedene Mechanismen, die der Abgrenzung gegen männliche Artgenossen dienen. Das erste Mittel ist der Gesang. Man kann alle außengelegenen Singwarten in einer Vertikalprojektion des Buchfinkenlebensraums miteinander verbinden und erhält damit eine Revierkarte (Abb. 32). Das zweite Mittel ist die Aggression. Die Revierfläche und die Reviergrenzen werden durch kämpferische Auseinandersetzungen mit dem Konkurrenten definiert. Allerdings ist dabei zu bedenken, daß der Gesang anders als der Kampf eine Wirkungsdistanz hat. Eine Gesangsstrophe ist laut genug, um auf mehr als 50 m Entfernung gehört zu werden. Kampf

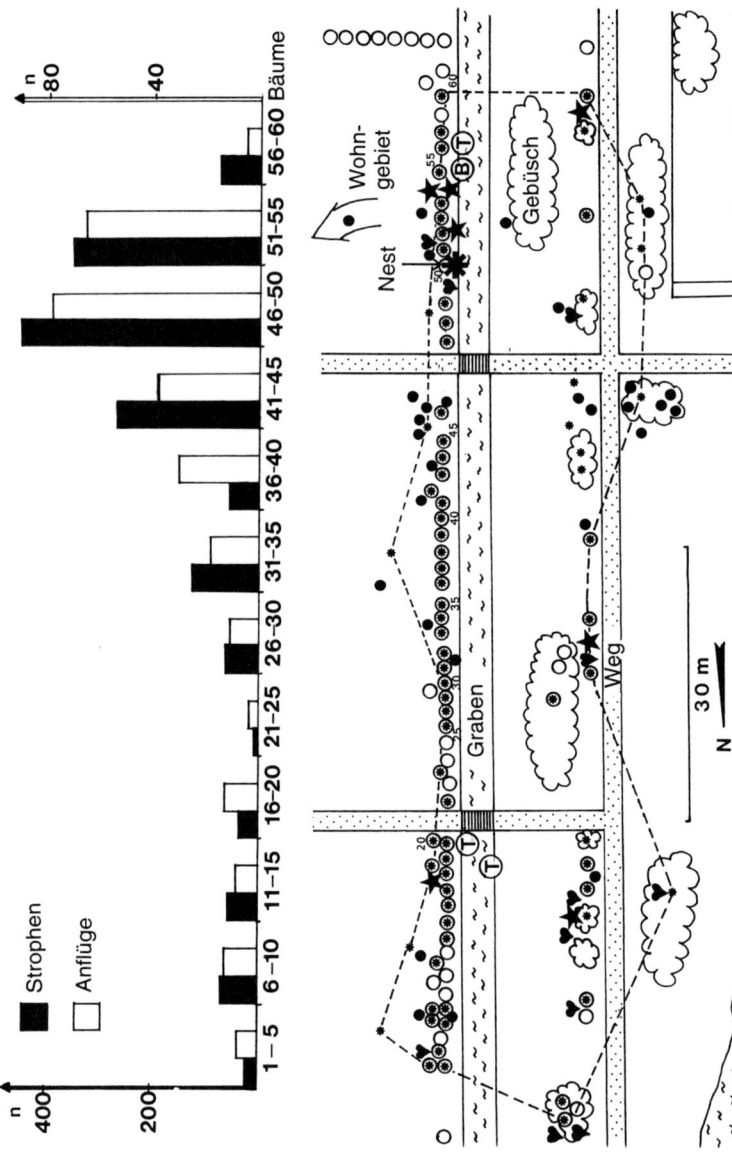

Abb. 32: Oben: Verteilung der Gesangsstrophen (schwarz) und der Anflüge (weiß) auf die Bäume 1-60 im Revier (s.u.). Aus BERGMANN et al. 1982. Unten: Revierkarte eines Buchfinken-Männchens am Dümmer, Niedersachsen, am 15. Mai 1980. Offener Kreis: Baum; kleiner Stern: Singwarte; großer Stern: Auseinandersetzung mit Artgenossen; schwarzer Punkt: Nahrungsaufnahme; Herz: Werbung; B Baden; T Trinken. Die peripher liegenden Singwarten sind durch eine gestrichelte Linie miteinander verbunden, die etwa die Grenze des Reviers angibt. Der offene Pfeil rechts oben weist auf die außerhalb des Reviers liegenden Nahrungsplätze hin.

wirkt unmittelbar, und seine Wirkungsdistanz ist gering. Dennoch machen Buchfinken mit ihrer Gesangsdemonstration nicht etwa 50 m vor der Reviergrenze Halt. Die Gesangswarten erstrecken sich in der Regel bis in die Zone, in der es zu kämpferischen Auseinandersetzungen kommt (eig. Beob.). Der Gesang soll wohl auch den benachbart siedelnden Artgenossen ständig kundtun, daß das Revier besetzt ist. Deswegen muß er auf Distanz wirken. Allerdings ist der Gesang beim Kämpfen gehemmt. Die Strophen werden vor dem Kampf immer kürzer abgebrochen, die Vögel singen während des Kämpfens nicht. ,,Wenn sich aber zwei etwa gleich starke Männchen an der Reviergrenze begegnen, und die Vögel sich näher als etwa 12 m voneinander befinden, hemmt die Mischung von Kampf- und Fluchtstimmung den Gesang oft vollständig. In der Nähe eines unterlegenen Männchens ... wird der Gesang nicht gehemmt." (BERGMAN 1953). Nach Ende der Auseinandersetzung verlängern sich die Strophen allmählich wieder, bis sie vollständig werden (Abb. 33, HEYMANN & BERGMANN 1988). Umgekehrt nimmt die Zahl der nahe der Reviergrenze gesungenen Strophen ab, und sie werden hier häufiger abgebrochen (BERGMANN & DÜTTMANN 1985). Im Grenzbaum werden u.U. nur noch wenige und kaum noch vollständige Strophen gesungen (Abb. 34). Hierin zeigt sich auch, daß die Grenze vom Buchfinken her nicht scharf markiert ist, sondern eher als Zone angelegt ist. Männchen greifen übrigens im allgemeinen nur Buchfinken-Männchen an, nicht Weibchen oder Angehörige anderer Arten (Ausnahmen s.u.). Fremde Buchfinken-Männchen im Revier werden überdies vornehmlich dann

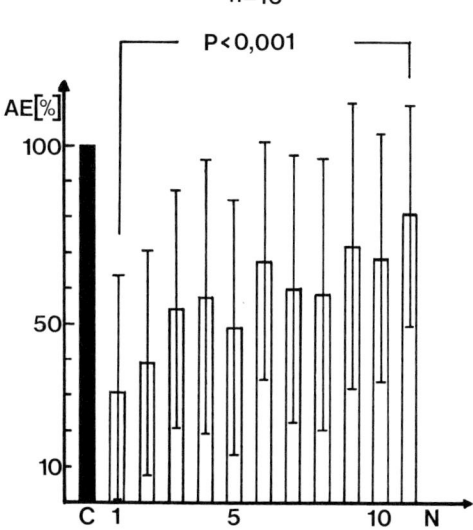

Abb. 33:
Strophenabbruch beim Buchfinken nach Vorspielen einer Buchfinkenstrophe vom Tonband.
Schwarz: Relative Anzahl der Elemente (AE%) vor dem Vorspielversuch, die Strophe ist vollständig. Weiß: Folge von 11 Strophen nach dem Vorspielexperiment. Die erste ist sehr kurz, die folgenden werden allmählich immer länger. 16 Wiederholungen des Experiments.
Aus HEYMANN & BERGMANN 1988

angegriffen, wenn sie singen oder anders auffällig werden, können aber auch eine Zeitlang geduldet werden, solange sie sich unauffällig verhalten. Ausgestopfte Buchfinken lösen selbst in Nestnähe keine Aggression aus (LACK 1941, eig. Beob.), es sei denn, sie sind mit einer Gesangsattrappe kombiniert. Einzelne Buchfinken-Männchen fallen auf Spiegelungen herein, bekämpfen z.B. anhaltend und wochenlang immer wieder ihr Spiegelbild in der verchromten Radkappe eines PKWs oder in einer Fensterscheibe.

Während sich die Reviere der Buchfinken gegenseitig ausschließen, können sich Wohngebiete überlappen. Wohngebiete können auch in fremde Reviere hineinreichen. Ein Wohngebiet schließt den gesamten von einem Individuum genutzten Raum einschließlich des Reviers ein.

Buchfinken-Weibchen beteiligen sich zuweilen ebenfalls an der Verteidigung des Territoriums. Sie greifen ihrerseits vor allem eindringende Weibchen der eigenen Art an (LACK 1941). Nur selten richtet sich ihre Aggression auch gegen fremde Männchen. In Nestnähe verjagen sie indessen auch andere Vogelarten wie z.B. Blaumeisen und Heckenbraunellen (*Prunella modularis*; MARLER 1956c). Eine Kohlmeise, die sich an einem im Bau befindlichen Buchfinkennest zu schaffen machte, wurde sofort vom Weibchen verscheucht (eig. Beob.). Feldsperlinge (*Passer montanus*) wurden während der Bebrütung des Geleges geduldet, nach dem Schlupf der Jungen aber heftig und häufig vertrieben (BARRETT 1947). Auch Blaumeisen und Rauchschwalben (*Hirundo rustica*) wurden verjagt.

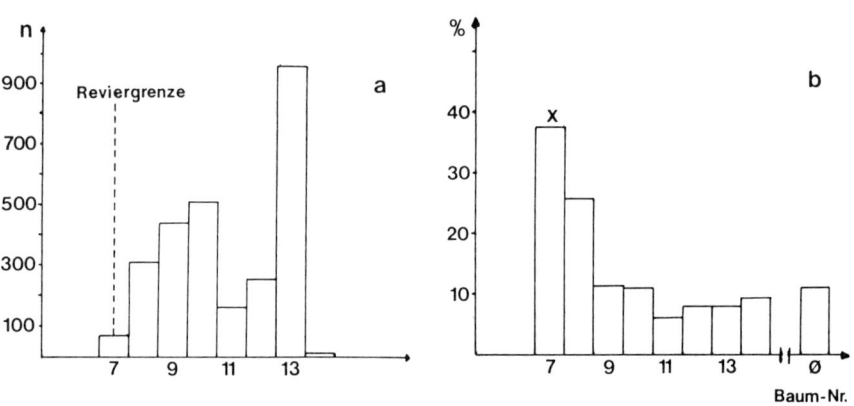

Abb. 34: Gesangsverhalten eines Buchfinken-Männchens am Dümmer, Niedersachsen, am 31. Mai 1984, an der Reviergrenze in Baum 7. **a** Verteilung der während des ganzen Tages in den grenznahen Bäumen gesungenen Strophen. **b** Prozentualer Anteil abgebrochener Strophen pro Baum. **x** Ort aggressiver Auseinandersetzungen mit dem Nachbarn; ∅ ganztägiger Durchschnitt abgebrochener Strophen für alle Bäume. Aus BERGMANN & DÜTTMANN (1985)

9.3 Revierkämpfe: Eskalation an der Grenze

Territoriale Auseinandersetzungen zwischen Buchfinken können nach MARLER (1956a) in verschiedener Form ablaufen. Ein fremdes, in das Revier eindringendes Männchen wird ohne Umstände angegriffen und von seinem Sitzplatz verjagt, auf dem Sekundenbruchteile später der Revierinhaber landet. Meist kommt es nicht zu ,,Handgreiflichkeiten", weil der Eindringling sofort flüchtet. Anders, wenn zwei Nachbarn im Revier des einen oder an der gemeinsamen Grenze aneinandergeraten. Vor dem Kampf wird das Kleingefieder eng angelegt und die Flügel werden leicht geöffnet und seitlich abgespreizt (LACK 1941), so daß die weißen Abzeichen sehr deutlich hervortreten. Die Vögel scheinen nervös zu sein und zeigen häufig erregtes Ausdrucksverhalten wie Flügel- und Schwanzzucken, Picken und Schnabelwischen. Während der Auseinandersetzung, bei der zuweilen 3-4 Männchen beteiligt sind, bewegen sich die Teilnehmer im Bereich der Reviergrenze oft nur wenige Meter hin und her und auf und ab, so daß der Abstand der Kontrahenten nur unbedeutend schwankt. Das Vorwärtsdrohen, das dann häufig auftritt, besteht in einem Wechsel zwischen stark vorgebeugter (Abb. 42 a,d) und aufrechter Haltung. Der Schnabel kann drohend aufgesperrt werden.

Der Höhepunkt der Begegnung besteht darin, daß zwei der Beteiligten einander anfliegen, schwirrend voreinander stehen oder sich umkreisen und heftig nacheinander beißen, wobei sie hörbar mit den Schnäbeln knappen. Oft geht diese Phase in blitzschnelle Jagereien über. Erst auf Entfernungen von mehr als 12 m beginnen sie mit unvollständigen Gesangsstrophen (Abb. 15 a,b), auf größere Distanz mit vollständigem Gesang (BERGMAN 1953; eig. Beob.).

Ein junges Männchen, das erstmals ein Revier besetzt, testet es in verschiedener Weise. Es sucht eine Reihe von möglichen Singwarten auf und läßt von dort aus Rufe hören. Es prüft sogar die möglichen, als Nistplatz geeigneten Astgabeln. Alte Männchen, die in ihr gewohntes Revier zurückkehren, zeigen solches Verhalten nicht (NEWTON 1972, BERGMANN, unveröff.).

9.4 Anspruch auf Raum: Revierfunktion und Reviergröße

Das Revier könnte seine Funktion darin haben, daß ein Nahrungsvorrat für den Revierinhaber bzw. für ihn und seine Familie gesichert wird. Es muß ökonomisch sinnvoll verteidigt werden können (BROWN 1964). Es könnte aber auch primär als Statussymbol des Männchens gegenüber dem Weibchen angelegt sein (MAYR 1935). Unter dieser Bedingung müßte es nicht (könnte aber wohl) unterschiedlich

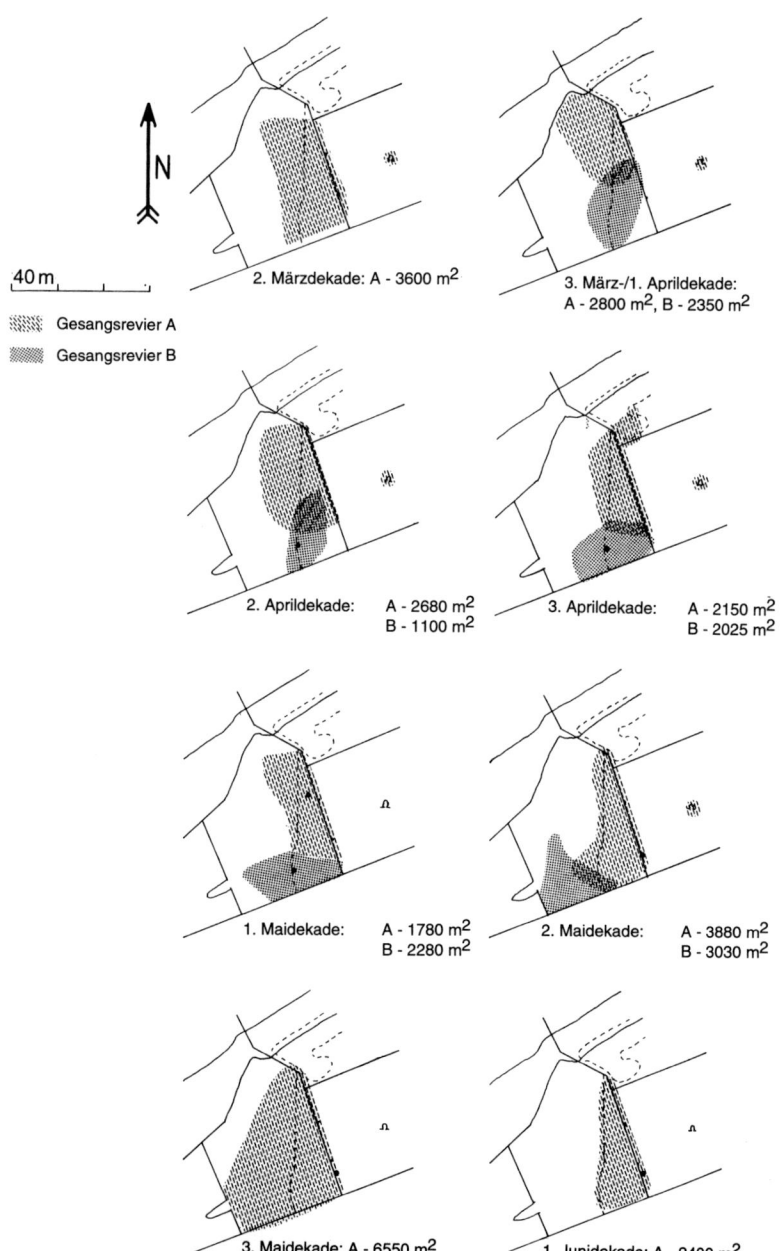

N

40 m

░░░ Gesangsrevier A

▓▓▓ Gesangsrevier B

2. Märzdekade: A - 3600 m^2

3. März-/1. Aprildekade:
A - 2800 m^2, B - 2350 m^2

2. Aprildekade: A - 2680 m^2
                    B - 1100 m^2

3. Aprildekade: A - 2150 m^2
                    B - 2025 m^2

1. Maidekade: A - 1780 m^2
                    B - 2280 m^2

2. Maidekade: A - 3880 m^2
                    B - 3030 m^2

3. Maidekade: A - 6550 m^2

1. Junidekade: A - 2400 m^2

groß sein und müßte je nach den vom Weibchen angelegten Kriterien bestimmte Ressourcen bzw. Requisiten aufweisen. Buchfinkenreviere sind allerdings in unterschiedlichen Habitaten verschieden groß. GLÜCK & GÖTZ (1985) fanden, daß 3 Reviere in einem Waldrandbiotop mit durchschnittlich 0,4 ha Fläche kleiner waren als daran anschließende 7 Obstbaumreviere in Streuobstwiesen mit durchschnittlich 1,1 ha. Die Revierqualität spiegelt sich also in der beanspruchten Revierfläche wieder. Hierfür gibt es eine Anzahl weiterer Belege. In MARLERS (1956a) englischem Untersuchungsgebiet waren die Reviere im geschlossenen Hochwald aus Kiefer, Eiche und Ahorn durchschnittlich 1,2 ha groß, die Waldrandreviere aber nur 0,1 ha. Auch DOLNIK (1982) gibt für die Kurische Nehrung einen Mittelwert der Reviergröße von nur 0,14 ha an.

Die verteidigte Ressource, welcher Art sie auch immer sein mag, scheint demnach flächig verteilt zu sein oder mit der Fläche zu korrelieren. Dabei ist zu berücksichtigen, daß Buchfinken ihre Aktivität keineswegs auf das Revier beschränken (S. 75). Umgekehrt nutzen sie das Revier auch nicht in der vollen Fläche. Die Nahrungssuche beschränkt sich quantitativ auf bestimmte geeignete Anteile (KEMME 1983).

Das Revier darf keineswegs als eine auf Dauer streng definierte topographische Einheit aufgefaßt werden. Seine Grenzen sind unscharf. Sie können sich in verschiedenen Zeitdimensionen verschieben (Abb. 35).

Das Revier könnte seine Funktion darin haben, ungestörte Kopulationen der beiden Partner und eine ungestörte Brut zu ermöglichen. Doch ist es keineswegs mit Bezug zum Nest angelegt. Das Nest entsteht viel später als das Revier (S. 82f). Wir haben in einem Fall gefunden, daß es in einem Baum sogar außerhalb des vom Männchen beanspruchten Reviers angelegt war (BERGMANN, unveröff.). Oft liegen Nester auch an der Reviergrenze. Zwei Nester am Dümmer (Niedersachsen) waren im Reviergrenzbereich in Nachbarbäumen angelegt, die nur 12 m voneinander entfernt standen. Das eine der Männchen sang zeitweise sogar im Nistbaum des Nachbarn.

Richtet sich die Reviergröße allein nach dem Nahrungsangebot, so müßte sie je nach den Bedingungen von Jahr zu Jahr schwanken, wie es z.B. für das Revier des Kleibers (*Sitta europaea*) beschrieben wurde (ENOKSSON & NILSSON 1983). Sie könnte sich dann im Laufe des Sommers verringern, was beobachtet worden ist (KEMME 1983), könnte auch bei künstlichem Zufüttern mit Nahrung kleiner

◄

Abb. 35: Reviere sind variabel. Kartierung zweier benachbarter Buchfinkenreviere zwischen Mitte März und Anfang Juni jeweils für eine Dekade (10 Tage) in Nordwestdeutschland. Anfangs ist Männchen A allein. Ende März/Anfang April kommt Männchen B und macht ihm einen Teil seines Reviers streitig. In der 2. Maidekade verliert B sein Weibchen und zieht sich in die Nachbarschaft zurück. Nachdem A mit Jungvögeln das Revier verlassen hat, nimmt B im Juni bis zum Ende der Gesangsphase das Revier wieder in Anspruch (nicht mehr dargestellt). Aus KEMME (1983)

werden. Über die Auswirkungen eines solchen Experiments wissen wir beim Buchfinken nichts. Aus Reviergrößen läßt sich nicht ohne weiteres auf die Siedlungsdichte des Buchfinken (S. 116) zurückschließen. Ebensowenig kann man umgekehrt aus der Siedlungsdichte die reale Reviergröße errechnen.

Abb. 36:
Buchfinken-Männchen nutzen gern Baumspitzen als Singwarten. Foto Verf.

9.5 Zwischenartliche Territorialität

Normalerweise gelten Vogelreviere nur für Artgenossen. Artfremde werden von den Revierinhabern nicht vertrieben. Deswegen reagieren sie auch nicht auf artfremden Gesang. Die Territorien verschiedener Arten können sich überlappen. MARLER (1956a) hat allerdings schon zwischenartliche Auseinandersetzungen zwischen Buchfinken und verschiedenen anderen Arten beschrieben.
    Im westlichen Schottland dulden Buchfinken und Kohlmeisen einander weitgehend, obwohl beide Arten ähnliche Ansprüche an ihren Lebensraum haben (REED 1982). Dagegen schließen sich ihre Reviere auf kleinen Inseln vor der

schottischen Küste, die von beiden Arten besiedelt werden, gegenseitig aus. Kohlmeisen wie auch Buchfinken reagieren hier auf den arteigenen Gesang wie auf denjenigen der anderen Art aggressiv, nicht aber auf beliebige weitere Gesänge, wie z.B. den des Fitis. Wenn in einem Experiment Buchfinken aus ihren Territorien weggefangen wurden, vergrößerten Kohlmeisen ihre Reviere und besiedelten das frei gewordene Gebiet (REED 1982). Wahrscheinlich kommt die zwischenartliche Territorialität durch Konkurrenz der beiden Arten auf den Inseln um die wenig reichhaltigen Nahrungsquellen zustande. Ansonsten ist die kleinere Kohlmeise, die die Inseln erst in jüngerer Zeit besiedelt hat, den größeren Buchfinken unterlegen und wird in weniger geeignete Habitate abgedrängt. Hierzu passen die Ergebnisse von EBENMAN & NILSSON (1982), die die Habitatnutzung von Buchfinken auf dem Festland und auf kleinen Inseln eines südschwedischen Sees untersuchten. Auf den Inseln gab es zwar geringere zwischenartliche Konkurrenz, aber auch ein etwas verringertes Nahrungsangebot. Nur hier traten beachtliche Unterschiede zwischen den Geschlechtern auf. Bei der Nahrungssuche nutzten die Weibchen mehr den Boden als die Männchen, dafür weniger die unteren und wieder mehr die oberen Regionen der Bäume, hier mehr die Kronenränder als die inneren Teile. Die Männchen neigten mehr zu Fangflügen als die Weibchen. Auf den Inseln war also bei geringerer zwischenartlicher Konkurrenz die Nische zwischen den Geschlechtern aufgeteilt, wodurch die innerartliche Konkurrenz vermindert, die Gesamtnischenbreite aber vergrößert wurde.

9.6 Grenzüberschreitung: Extraterritoriale Raumnutzung

Bei systematischen Beobachtungen einzelner Buchfinkenmännchen zur Brutzeit war schon seit Jahren aufgefallen, daß die Vögel während des Tages zeitweise ihr Revier verlassen und sich anderswo aufhalten (Abb. 37; KEMME 1983, BERGMANN et al. unveröff.). Außerhalb des Revieres singen sie definitionsgemäß nicht. Dagegen tun sie dort alles mögliche andere. In einem von etwa 20 untersuchten Fällen fanden wir, daß selbst das Nest mit dem brütenden Weibchen sich außerhalb des Reviers befand. Neuerdings haben HANSKI & HAILA (1988) sowie HANSKI et al. (1992) diese Beobachtungen mit Hilfe sendermarkierter Buchfinken-Männchen in Finnland bestätigt. Die Vögel verbrachten zwischen 5 und 62 % der Untersuchungszeit außerhalb ihrer Reviere. Dies geschah zu allen Zeiten des Brutzyklus annähernd gleich häufig. Vor Beginn der Bebrütung unternahmen die Männchen gemeinsam mit ihren Weibchen sogar größere Ausflüge bis zu 1 km Länge. Unverpaarte Männchen waren noch aktiver außerhalb ihres Reviers als die verpaarten. In 88 Fällen wurde das Ziel des Ausflugs ermittelt. In 70 dieser Fälle ging das Männchen allein auf Nahrungssuche. Es besuchte häufig immer wieder dieselben Lieblingsplätze. In 18 Fällen schloß es sich nahe an ein anderes Paar an, dessen Männchen jedoch sein Weibchen bewachte. Obwohl keine ,,Extra-Paar-Kopulationen" beobachtet wurden, kam das Männchen dem fremden Weibchen in mehreren Fällen recht nahe. HANSKI et al. (1992) vermuten, daß die Ausflüge aus dem Revier verschiedenen Zwecken dienen, aber auch dem Ziel einer gemischten Fortpflanzungsstrategie: Das Männchen versucht, auch in fremden Revieren Nachkommen zu zeugen (s. HANSKI 1992). Wir bemühen uns derzeit darum, herauszufinden, inwieweit die Weibchen sich an die Reviere halten (s. MACIEJOK & SAUR in Vorb.).

Nach unseren neueren Beobachtungen verlassen beide Geschlechter häufig das Revier, um außerhalb folgendes zu tun: Nahrungssuche, Suche von Nistbaumaterial (nur Weibchen), ja sogar Aufsuchen eines Schlafplatzes. Auch Begattungsversuche haben wir außerhalb des Reviers beobachtet. Wenn das Weibchen das Revier verläßt, ist das Männchen wenigstens in der Vorbrutphase in der Regel gezwungen, es zu begleiten. Während der ganzen Fortpflanzungsphase ist das Weibchen höherrangig als das Männchen, bestimmt also das Geschehen. Für das Männchen kann dies zu Konfliktsituationen führen. Dringt

Abb. 37:
Revier (schraffiert) und genutzter extraterritorialer Raum (Dreiecke, durchgezogene Linie) eines Buchfinken-Männchens am Dümmer, Niedersachsen, an vier Tagen Ende April/ Anfang Mai 1993 zwischen 9 und 16 h, insgesamt 12 Stunden Beobachtungszeit. Die umschriebenen Flächen werden nicht flächendeckend genutzt, sondern nur bestimmte Strukturen darin. Nach MACIEJOK & SAUR in Vorb.

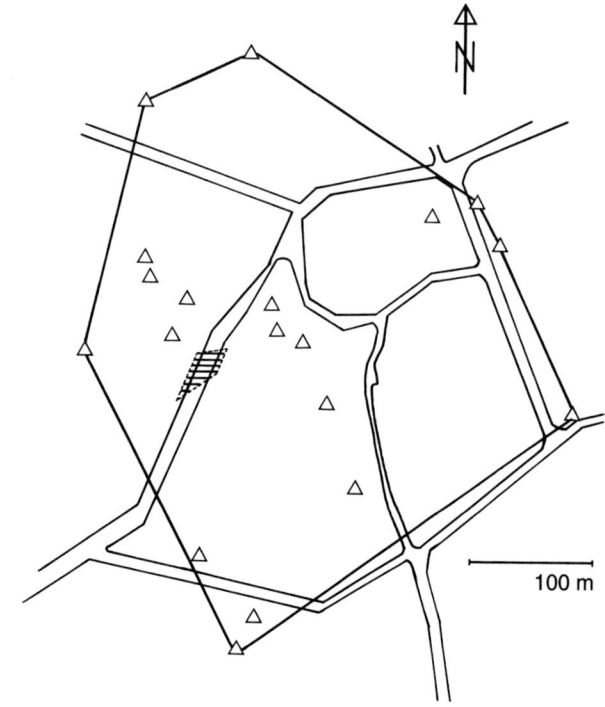

es gemeinsam mit dem Weibchen in ein fremdes Revier ein, weil die Partnerin dort Nistbaumaterial sucht, riskiert es, vom dortigen Reviermännchen verjagt zu werden. Inzwischen könnte auch ein anderes Männchen in das eigene Revier eindringen. Umgekehrt kann das Männchen sein eigenes Revier nicht ohne weiteres verlassen, wenn das Weibchen sich darin aufhält. Wir haben mehrfach gesehen, daß das Männchen bei einem solchen Versuch nach 10-20 m scharf wendete und wieder zurückkehrte, wenn die Partnerin ihm nicht folgte. Bei fast allen Ortswechseln gibt das Weibchen den Ton an und bestimmt Zeit und Richtung des Abflugs. Es fliegt auch meist vorweg. Eine neueste Beobachtung wirft u.U. ein Schlaglicht auf die Fortpflanzungsstrategie des Weibchens. Ein brütendes Weibchen hatte sein Männchen verloren. Sobald Nachbarmännchen im Revier auftauchten, ließ sich das Weibchen mit ihnen ein. Ein Nachbarmännchen, dessen eigenes Weibchen auf Eiern saß, wurde beobachtet, wie es sich ebenfalls in der Nestumgebung des verwitweten Weibchens aufhielt. Später, als die Jungen im Nest dieses Weibchens geschlüpft waren, beteiligte es sich sogar beim Füttern.

10 Von Dämmerung zu Dämmerung: Tageszeitliche Aktivität

10.1 Hüpfen und Schwirren: Lokomotorische Aktivität

Ebenso wie den Raum nutzen Buchfinken die Zeit in definierter Weise. Sie sind sowohl zur Brutzeit als auch während der Zugzeit und im Winter ausgesprochene Tagvögel. Über ihre tageszeitliche Aktivitätsverteilung kann man Auskunft bekommen, wenn man die Vögel entweder im Registrierkäfig im Labor untersucht oder im Freiland systematisch beobachtet. Im Käfig mißt man bei Singvögeln in der Regel die lokomotorische Aktivität, d.h. die Häufigkeit, mit der sie auf Sitzstangen hüpfen, oder den Zeitanteil des Schwirrens bei Zugunruhe (BERT-HOLD 1988).

Buchfinken halten eine circadiane Periodizität ihrer Aktivität, die allerdings von 24 h abweicht, auch bei Dauerlicht aufrecht (Abb. 38). Das spricht für das Vorhandensein einer Inneren Uhr. Deren Spontanfrequenz ist von der Beleuchtungsstärke abhängig (ASCHOFF et al. 1962: circadiane Regel). Auch die Aktivitätsmenge und das Verhältnis zwischen Aktivitäts- und Ruhephase hängen von der Beleuchtungsstärke ab (ASCHOFF 1966). Für verschiedene Funktionsbereiche wie Hüpfaktivität und Sauerstoffverbrauch sind wahrscheinlich verschiedene Innere Uhren zuständig, die miteinander gekoppelt arbeiten (POHL 1971). Die

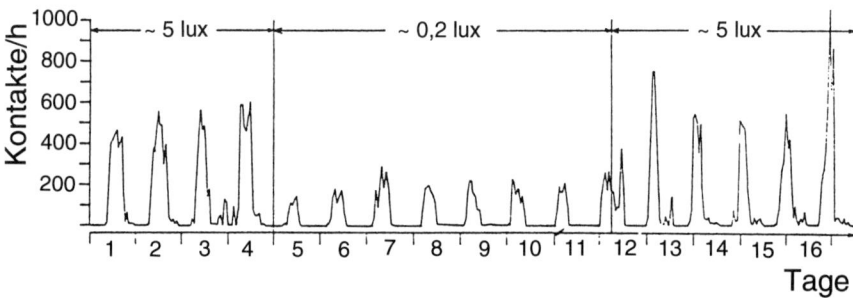

Abb. 38: Aktivitätsrhythmus eines Buchfinken bei Dauerlicht. Beleuchtungsintensität anfangs ca. 5 lx, später ca. 0,2 lx, später wieder wie anfangs. Die Rhythmik bleibt erhalten und ist wie die Aktivität abhängig von der Beleuchtungsstärke (nach ASCHOFF 1966)

Abb. 39:
Verteilung der Ge-
sangsstrophen eines
Buchfinken-Männ-
chens auf den Tag
(Summe pro Stunde).
29. Mai 1981, Düm-
mer, Niedersachsen.
Aus BERGMANN & HELB
(1983b)

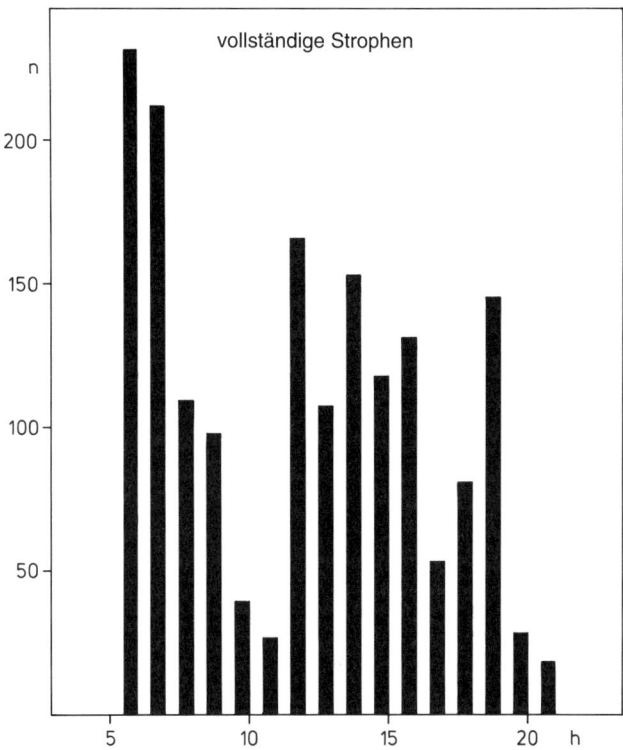

Synchronisation der Inneren Uhren mit dem äußeren Tag-Nacht-Wechsel wird nicht nur von Außenfaktoren, sondern auch von inneren bestimmt, z.b. der jeweiligen Spontanfrequenz und der Empfindlichkeit des circadianen Systems gegenüber Helligkeitsänderungen (POHL 1988). Einzelheiten der Beziehungen sind noch nicht bekannt.

Im natürlichen Hell-Dunkelwechsel zeigen Buchfinken unter kontrollierten Bedingungen im Winter eine klare bimodale Verteilung ihrer Aktivität (Bigeminus). Das Morgenmaximum ist annähernd genauso hoch wie das Abendmaximum. Anders im Frühjahr und Sommer. Hier verliert das Abendmaximum gegenüber dem Morgenmaximum stark an Bedeutung (DAAN 1976). Das gilt auch für den Gesang (BEZZEL 1988, Abb. 43).

MASSA & BOTTONI (1987) haben an gekäfigten Buchfinken gezeigt, wie sich männliche Geschlechtshormone auf die Aktivitätsmenge positiv auswirken, selbst wenn die Vögel im Kurztag gehalten wurden. Die Hormone haben also nicht allein spezifische Effekte im Fortpflanzungsverhalten, sondern auch unspezifische wie z.B. eine allgemeine Aktivierung.

10.2 Von morgens bis in die Nacht: Verteilung des Gesangs

Der morgendliche Gesangsbeginn der Buchfinken ist wie bei vielen anderen Vogelarten von der Helligkeit diktiert. Doch wirkt sich auch die Temperatur aus, wie v. HAARTMAN (1952) beim Vergleich dreier unterschiedlich warmer Frühjahre feststellte. Sie wirkt nicht im Augenblick, sondern eher mittelfristig. Möglicherweise beeinflußt auch schon die Temperatur im Überwinterungsgebiet fördernd oder hemmend die Keimdrüsenaktivierung (SCHEER 1952). Bei extrem harten Winterbedingungen wird die Hodenentwicklung bei Buchfinken gehemmt (BERTHOLD 1969). Näheres zur Jahresperiodik s. S. 82ff.

Nach systematischen Freilandbeobachtungen richten sich Buchfinken in der tageszeitlichen Verteilung ihrer Gesänge nicht oder nicht zu allen Jahreszeiten nach einem bimodalen Muster (BEZZEL 1988; eigene Daten). In der Fortpflanzungszeit tritt nach einem frühen Morgenmaximum in der Regel eine Pause ein, während der die Vögel Nahrung suchen. Danach hält sich die Gesangsaktivität den ganzen Vormittag bis in den Nachmittag hinein auf hohem Niveau und flacht erst gegen Abend allmählich ab (Abb. 39). Dieses Muster wird verändert, wenn man Daten aus der ganzen Brutsaison zusammenfaßt (Abb. 40). KEMME (1983)

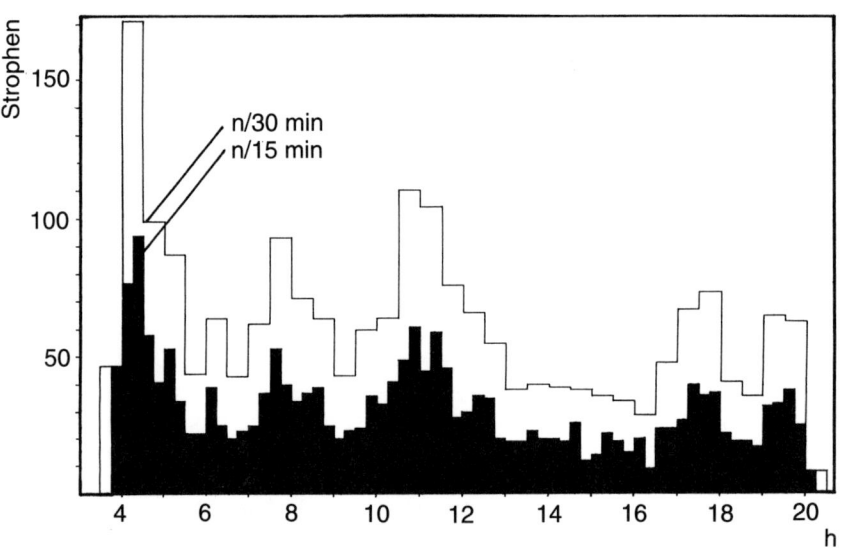

Abb. 40: Mittlere Gesangsaktivität in ihrer Verteilung auf den Tag bei 5 Buchfinkenmännchen in Nordwestdeutschland, März bis Juli. Nach KEMME (1983).

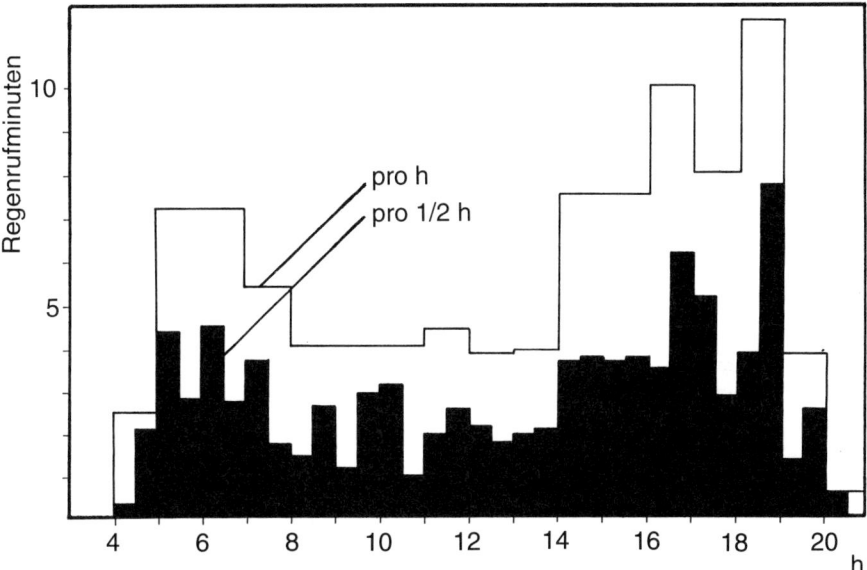

Abb. 41: Regenrufe in ihrer Verteilung auf den Tag. Aufgetragen ist die mittlere Dauer der Regenrufaktivität in min je halbe Stunde (schwarz) bzw. je Stunde (weiß) für 5 Männchen. März bis Juli. Nach KEMME (1983)

fand je nach Auswertungsform drei oder vier Maxima der Gesangsaktivität auf den Tag verteilt (Abb. 40). Gegen Abend treten ersatzweise vermehrt Regenrufe auf (Abb. 41).

11 Fortpflanzungsbiologie:
Der Buchfink in den Jahreszeiten

11.1 Die Verlobungsphase im Frühjahr

Schon im zeitigsten Frühjahr, zuweilen schon an milden und sonnigen Tagen im Januar, tritt in den Wintertrupps der Buchfinken zunehmende Aggression auf. Die Vögel beginnen, sich gegenseitig zu jagen. Zur gleichen Zeit hört man die ersten Meisen singen, Ringeltauben (*Columba palumbus*) beginnen mit dem Nestbau und die Amselmännchen lassen leisen Subsong aus der Deckung der Büsche heraus hören. In sehr vereinzelten Fällen - in England häufiger als auf dem Kontinent (NEWTON 1972) - hört man an warmen und sonnigen Wintertagen im Januar auch schon vollen Buchfinkengesang.

Wenn die Buchfinken-Männchen ab Februar/März regulär mit ihrem Vollgesang begonnen und ihre Reviere in Besitz genommen haben, setzt keineswegs sogleich die Fortpflanzungphase ein. Wie NÜRNBERGER et al. (1989), SCHREIBER (1989) und andere festgestellt haben, warten die Vögel in der Regel mehrere Wochen ab, in denen sie territorial und verpaart sind, ehe sie mit dem Nestbau und den Paarungen beginnen. Eine solche Wartephase ist auch in Finnland bemerkt worden, wo die Buchfinken als Zugvögel vor den Bergfinken eintreffen und ihre Reviere einrichten (MIKKONEN 1985). Man könnte sie Verlobungsphase nennen, weil das Paar schon zusammenhält, ohne sich fortzupflanzen. Diese Bezeichnung erklärt aber nichts.

Die in den Revieren eintreffenden Weibchen sind vor der Verpaarung recht unstet und unauffällig. Sie halten sich zunächst nicht an die Reviergrenzen der Männchen. Die biologische Bedeutung der Wartephase dürfte darin liegen, daß frühe Bruten benachteiligt sind. Aus Bruten, die in der zweiten April- und der ersten Maihälfte begonnen wurden, flogen die meisten Jungvögel aus (SCHREIBER 1989). STORER & HANSELL (1993) haben bei der Untersuchung des Nestbaus sogar die Überlegung angestellt, ob nicht die Verfügbarkeit von Spinnweben für den Nestbau (s.u.) bei der Terminierung der Brutperiode eine Rolle spielt. Ein wichtigerer Faktor dürfte jedoch die Verfügbarkeit von Nahrung sein.

Fertige Nester findet man in Mitteleuropa zwar zuweilen schon in der zweiten Märzhälfte (SCHREIBER, briefl. Mitt.), häufiger aber erst in der zweiten Aprilhälfte. Erste flügge Jungvögel habe ich in Hessen am 23. Mai notiert; doch ist bei einer Brutdauer von 10-14 Tagen und einer Nestlingsdauer zwischen 12 und 15 Tagen sowie bei einem Legebeginn frühestens Ende März in günstigen Jahren schon Anfang Mai mit den ersten flüggen Jungen zu rechnen (Daten aus BEZZEL 1993).

11.2 Soziale Struktur: Paarbindung und Bigamie

In der Verlobungszeit ist nach MARLER (1956a) das Dominanzverhältnis zwischen Männchen und Weibchen noch relativ ausgeglichen, während es sich später während der Brutzeit ganz zugunsten des Weibchens entwickelt. Sobald eine feste Paarbindung eingetreten ist, verringert sich die Gesangsintensität des Männchens (Abb. 44). Sie lebt wieder auf, wenn die Partnerin verschwunden ist. Dies gilt selbst dann, wenn das Weibchen nur sehr kurzfristig aus dem Revier wegfliegt und das Männchen dies nicht bemerkt hat.

Aus dem sozialen Verhalten der Artgenossen zueinander ergeben sich Beziehungen, die wir als Sozialstruktur bezeichnen können. Der wissenschaftliche Artname des Buchfinken *coelebs* nimmt auf sein winterliches Zölibat Bezug, da die meisten Weibchen dann weggezogen sind. Für Mitteleuropa gilt das nicht streng. Doch nimmt immerhin die Zahl der Weibchen im Spätherbst ab, im Frühling wieder zu. Setzt man die Männchen gleich 100 %, so betrug in einer Stichprobe von ca. 400 im Hamburger Raum gefangenen Vögeln der Wert für die Weibchen im Oktober 112 %, er ging bis Januar schrittweise auf 32 % zurück und stieg danach wieder an (HARMS 1980). Schon wegen des unterschiedlichen Zugverhaltens der Weibchen (S. 120) ist also hierzulande eine dauerhafte und ganzjährige Paarbindung beim Buchfinken erschwert oder ausgeschlossen. Besser sind die Chancen in Gebieten, wo die Vögel das ganze Jahr über am gleichen Ort bleiben. Doch könnte hier wie andernorts auch schon die ausgeprägte Ortsbindung genügen, um dafür zu garantieren, daß sich frühere Partner wieder treffen. HENDY (1939) beobachtete in England an farbberingten Buchfinken, daß ein Männchen einmal im Jahr 1937 und zweimal im Jahr 1938 mit dem gleichen Weibchen erfolgreich Junge großzog. Auch 1939 fanden sie sich nach einer Abwesenheit des Weibchens wieder zusammen ein, kamen in der Folge aber durch Unglücksfälle ums Leben.

Buchfinken-Männchen haben zur Brutzeit im allgemeinen nur ein Weibchen mit Nest in ihrem Revier. Hiervon gibt es aber gelegentliche Abweichungen. Wir haben in einem Fall beobachtet, daß ein Buchfinken-Männchen an der Revier-

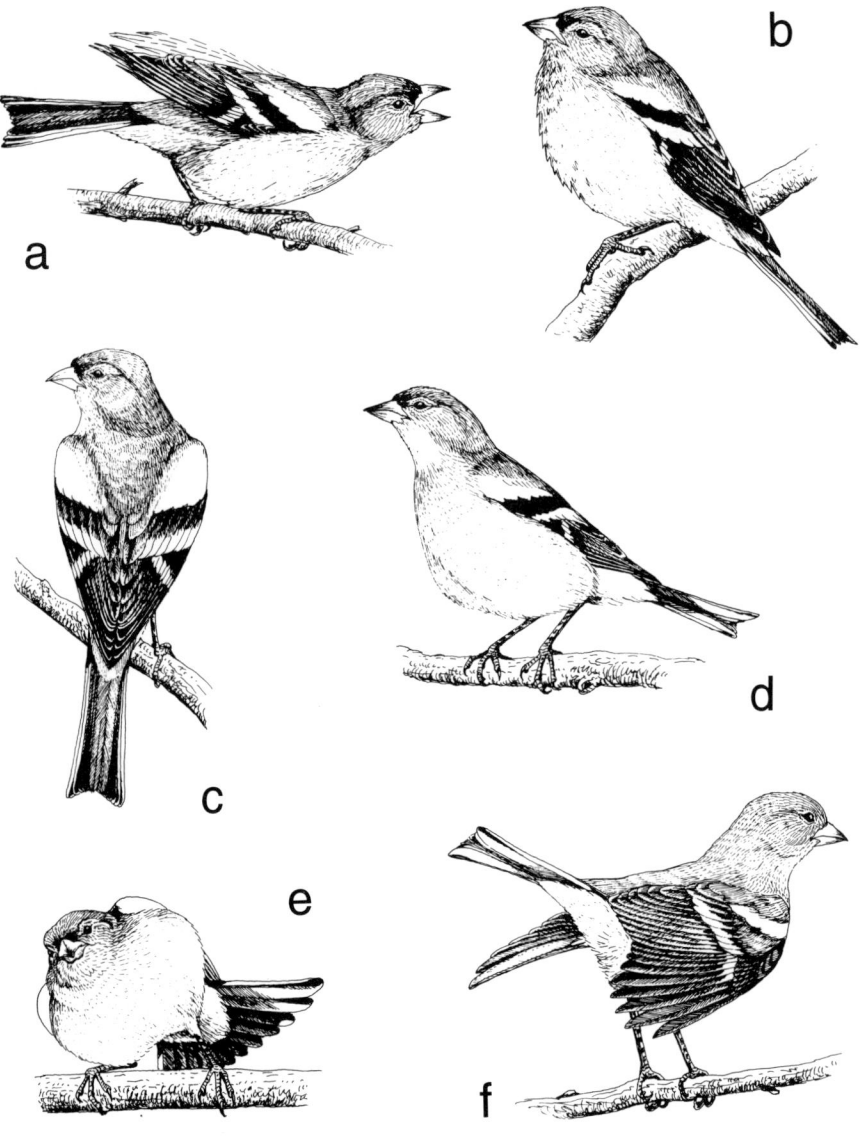

grenze um ein zweites Weibchen warb, während das erste Weibchen im Revier brütete. LOVATY (1985) hat sogar Bigamie mit zwei gleichzeitig brütenden Weibchen in einem Revier festgestellt. Auf ähnliche Fälle nehmen KRÄGENOW (1986) und HANSKI & LAURILA (1993) Bezug. Diese Beispiele zeigen, daß jenseits aller Regelhaftigkeit das Paarbildungssystem der Buchfinken über eine gewisse Plastizität verfügt, deren Ausmaß sicherlich Anpassungswert hat. Überdies verlassen Buchfinken-Männchen während der ganzen Brutzeit ihr Revier immer wieder, möglicherweise auch um Begattungen mit fremden Weibchen zu erlangen (S. 77f). Nichtsdestoweniger besteht eine starke Bindung zwischen den Partnern (s.o.). In diesem Rahmen hat das Weibchen vor allem in der frühen Brutzeit fast in allen Fällen das „leadership" inne, das heißt, es ist dominant. Als die durch Nestbau und Bebrütung des Geleges stark belastete und für das Männchen unentbehrliche Partnerin bewegt es sich relativ unabhängig und muß sich diese Unabhängigkeit auch leisten. Das Männchen folgt ihr und bewacht sie stets (HANSKI 1982; eig. Beob.). Gerät sie bei gemeinsamer Nahrungssuche am Boden hinter einer Bodenwelle außer Sicht, nähert es sich sofort hüpfend ihrem Standort an oder fliegt zur nächsten Warte hinauf, um sie von dort aus im Blick behalten zu können. Als das Weibchen in einem Fall 90 m weit davonflog und in einem Nachbarrevier Nahrung suchte, ihr Partner dies aber nicht bemerkt hatte, begann er, heftig in der Nestumgebung hin- und herzufliegen, zahlreiche, kurz abgebrochene Strophen zu singen und Singflüge zu machen. Er beruhigte sich erst, als das Weibchen wieder zurückkehrte (eig. Beob.).

11.3 Die Begattung: Nähe und Konflikt

Zum Zweck der Begattung müssen die Individualdistanzen (S. 25) der beiden Partner aufgehoben werden. Das Ausdrucksverhalten von Buchfinken während der Werbung und der Begattung ist von HINDE (1953) deshalb als Ergebnis des Konfliktes zwischen verschiedenen Handlungsbereitschaften, nämlich Flucht, Angriff und sexueller Handlungsbereitschaft, beschrieben worden. An der Grenze der Individualdistanz halten sich Flucht- und Angriffsbereitschaft die Waage.

◄

Abb. 42: Ausdrucksverhalten des Buchfinken. **a** Intensives Vorwärtsdrohen eines Männchens (nach NEWTON 1972); **b** Unterlegenheitshaltung eines Männchens, Gegenstück zu a (nach NEWTON 1972); **c** Imponierendes Männchen im Revier (nach TINBERGEN 1956); **d** Aggressive Haltung eines imponierenden Männchens (nach NEWTON 1972);**e** Schiefes Kauern eines werbenden Männchens; das Weibchen ist rechts (nach MARLER 1956a); **f** Begattungsaufforderung eines Weibchens, die Flügel vibrieren seitwärts (nach MARLER 1956a und Foto des Verf.). Zeichnungen F. MÜLLER

Der Konflikt äußert sich in intensivem Ausdrucksverhalten, das von HINDE charakterisiert wurde.

Begattungen können auf Baumästen oder am Boden stattfinden, zuweilen sogar auf der höchsten Spitze eines Baumes. Meist fordert das Weibchen in bezeichnender Haltung mit schräg aufgerichtetem Schwanz und seitwärts geöffneten vibrierenden Flügeln (Abb. 42 f) sowie ,,si-si-si"-Rufen auf. Das Männchen nähert sich in merkwürdig asymmetrischer Haltung (Abb. 42 e) und mit auffallenden Flügelsignalen. Vor der Begattung äußert es z.T. gedämpften Gesang oder Subsong mit Schnarren. Die Begattung selbst geht mit schwirrenden Flügelschlägen innerhalb von Sekundenbruchteilen vor sich. Sie kann mehrfach wiederholt werden.

11.4 Die Gesangsperiode: März bis Juli

11.4.1 Beginn und Ende: Von wann bis wann?

Trotz der Häufigkeit des Buchfinken fehlten lange Zeit Daten über Beginn und Ende der jährlichen Gesangsperiode (THIELCKE 1988b). Nach 20jährigen systematischen Erhebungen ist BEZZEL (1988) für das Werdenfelser Land in Oberbayern zu folgenden Ergebnissen gekommen: Buchfinken-Vollgesang ist dort von Februar bis August zu hören, in der Hauptsache von Anfang März bis Mitte Juli (Abb. 43). Der erste Tag mit Vollgesang fiel je nach Wetterlage frühestens auf den 10.2., spätestens auf den 18.3. (Median 24./25.2.). In 14 Jahren wurde der letzte Vollgesang zwischen 1. und 29.7. gehört (Median 13.7.). Aus den Medianen ergibt sich eine mittlere Dauer der Gesangsperiode von ca. 140 Tagen, also knapp 5 Monaten.

KOOIKER (pers. Mitt.) stellte in Osnabrück (südl. Niedersachsen) den ersten Gesang frühestens am 3.2., spätestens am 25.2. fest (Median 8.2., 16 Jahre, zwischen 1977 und 1993). Dabei kann das Wetter während der frühen Gesangsphasen noch recht unwirtlich sein. Ich hörte in Marburg (Hessen) den ersten Buchfinkengesang am 1.2.62 bei Schneegestöber. In Osnabrück sang am 5.2.86 das erste Männchen bei -8 °C.

Zum Vergleich bieten sich Daten aus Berlin für die Jahre 1969 bis 1986 an (WITT 1988). Der erste Vollgesang im Frühjahr wurde frühestens am 19.2., spätestens am 18.3. gehört (Median 2.3.). Die ersten Sänger sind wohl überwinternde Männchen. Das letzte Sommerdatum ist der 28.8., vereinzelt wurde bis in den September hinein Herbstgesang festgestellt. Anderswo sind Herbstgesänge auch später gehört worden (Übersicht bei HAGEN 1918), z.B. in den ersten Oktoberwochen in England (LACK 1941). Doch ist Herbstgesang beim Buchfinken allgemein ein selten beobachtetes Ereignis. KOOIKER (pers. Mitt.) vernahm ein singendes Buchfinkenmännchen in Osnabrück an vier Tagen zwischen dem 15.12. und 27.12.1991. Hier dürfte es sich wohl um einen verfrühten Frühjahrssänger gehandelt haben. In der Stadt werden auch Amseln (*Turdus merula*) und

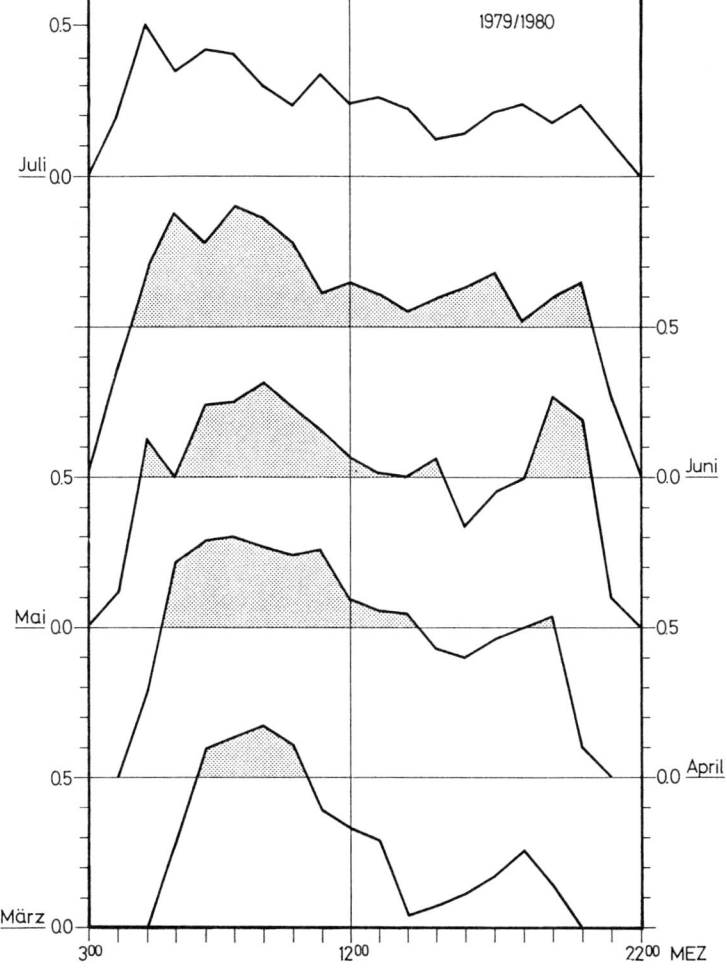

Abb. 43: Tageszeitliche Gesangsaktivität von Buchfinken 1979/1980 auf einer Kontrollfläche in Garmisch-Partenkirchen zu den verschiedenen Jahreszeiten. Jeweils mehrere Hörprotokolle pro Stunde. Ordinate: Anteil der Stunden mit singenden Männchen. Man beachte, daß die Zweigipfligkeit des tageszeitlichen Verlaufs bis Mai gut ausgebildet ist, im Juni-Juli aber verschwindet. Aus Bezzel (1988)

Rotkehlchen durch milde Temperaturen und künstliches Licht oft schon zur Unzeit zum Singen gebracht. In Hamburg sangen die ersten Buchfinken frühestens am 2.2., spätestens am 24.2., im Durchschnitt (9 Jahre) am 17./18.2. (PUCHSTEIN 1973 nach verschiedenen Autoren).

Weitere Vergleichsdaten über die Phänologie des Gesangs sind tabellarisch von BEZZEL (1988) und WITT (1988) zusammengestellt worden. SCHREIBER (1989) hat für 17 Teilflächen seines Untersuchungsgebietes in der nordwestdeutschen Kulturlandschaft eine durchschnittliche Dauer der Gesangsaktivität und damit Revierbesetzung von 121 Tagen mit geringer Streuung ermittelt. Dabei sind die ersten und letzten 5 % der Gesangsbeobachtungen weggelassen, weil sie stark dem Zufall unterliegen.

11.4.2 Verlauf: Wann am meisten?

Betrachtet man den jahreszeitlichen Verlauf der Gesangsaktivität, so ergibt sich in den Daten von BEZZEL (1988) ein zweigipfliges Muster. Ein ähnliches Bild hat SLAGSVOLD (1977) für Skandinavien wenigstens bei einem Teil seiner Untersuchungen gefunden. Trotz eines späten Gipfels im Juni dürften nicht alle jungen Männchen, besonders nicht die aus den spätesten Bruten, die Chance haben, in ihrer ersten sensiblen Phase (S. 38f) Gesang zu lernen. Sie sind dann auf die zweite Phase im nachfolgenden Frühjahr angewiesen.

Registriert man die Gesangsaktivität der Männchen spezifisch bezogen auf die Brutphasen, wie es KEMME (1983), NÜRNBERGER et al. (1989), SCHREIBER (1989) und zuletzt HANSKI & LAURILA (1993) getan haben, so ergibt sich ein noch klareres Bild (Abb. 44). Hohe Gesangsintensität wird im frühen Frühjahr erreicht, wenn die Männchen die Reviere besetzen. Sobald die Weibchen eintreffen, verringern sich die Werte. Verhältnismäßig wenig singen die Buchfinken vor Beginn und während des Nestbaus. Brütet das Weibchen, so singt das Männchen wieder intensiv. Während der Jungenaufzucht, bei der das Männchen beteiligt ist, singt es wieder weniger. Sind die Jungen flügge, verebbt der Gesang. Die Regenrufe sind ebenfalls um die Zeit des Nestbaus gehemmt und verlieren sich am Ende der Fortpflanzungszeit, korrelieren aber in den übrigen Phasen eher negativ mit der Gesangsaktivität (Abb. 44). Die auffallend verminderte Gesangsaktivität während der frühen Brutphasen dürfte damit zusammenhängen, daß Gesang eine distanzerhöhende (diffuge) Wirkung hat, zu dieser Zeit aber die Distanz zum Weibchen kleingehalten wird. Vielleicht tritt auch einfach Konkurrenz zwischen den Verhaltensweisen auf. Wenn das Männchen ständig das Weibchen bewachen muß, bleibt weniger Zeit zum Singen (HANSKI & LAURILA im Dr.).

Ob das wenige Singen auch mit dem Feinddruck zu tun hat, ist offen. Jedenfalls ist die geringe Gesangsaktivität zu dieser Zeit nicht geeignet, den Status des Männchens besonders darzustellen oder Konkurrenten von seinem Weibchen abzuwehren (vgl. HANSKI & LAURILA 1993). Grundsätzlich sind die regelhaft auftretenden Häufigkeitsschwankungen von Gesang im Laufe der Brutsaison gute Indikatoren für die Gesangsfunktion.

Der Anteil der abgebrochenen Strophen schwankt ebenfalls systematisch im Laufe der Saison (Abb. 45). Er ist hoch im zeitigen Frühjahr. Das hat - besonders bei den vorjährigen Männchen - damit zu tun, daß die „Kristallisationsphase", d.h. das Ende der plastischen Gesangsphase, noch nicht erreicht ist. Auch spielt wahrscheinlich der allmählich ansteigende Testosterontiter dabei eine Rolle. Danach sinkt die Häufigkeit der Strophenabbrüche stark ab. Ende April tritt in den Einzelverläufen eine Unregelmäßigkeit auf, die die Zeit der Begattungen markiert. Hier ist der Strophenabbruch wieder hoch, nur wird diese Unregelmäßigkeit in den Mittelwerten weitgehend geglättet. Während im Juni die niedrigsten Abbruchraten erreicht werden, steigen die Werte Ende Juni und im Juli mit abnehmender Gesangsintensität und wahrscheinlich sinkenden Hormontitern wieder an (Abb. 45, NÜRNBERGER et al. 1989).

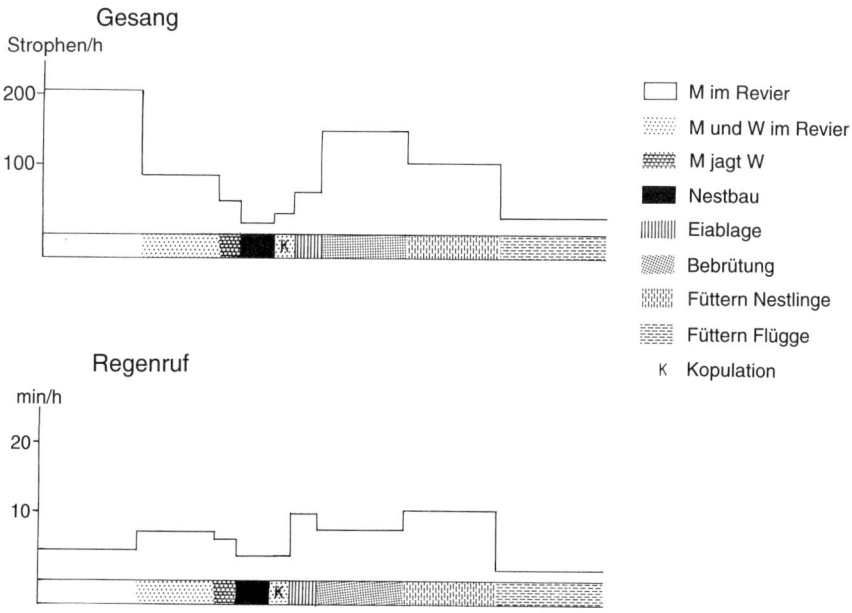

Abb. 44: Intensität des Gesangs und der Regenrufe in Beziehung zu den Phasen des Fortpflanzungszyklus beim Buchfinken (halbschematisch). Beim Gesang wurde die mittlere Strophenzahl pro Stunde von 5 Männchen berechnet, bei den Regenrufen die mittlere Dauer der Regenrufaktivität in min pro h. Die abgebildeten Brutphasen entsprechen nicht ihrer tatsächlichen Dauer in der Natur. Nach KEMME (1983)

Einen umgekehrten Verlauf nehmen die Regenrufe. Die Anzahl der Regenrufe äußernden Männchen weist ebenfalls ein Minimum Ende April auf (Abb. 46).

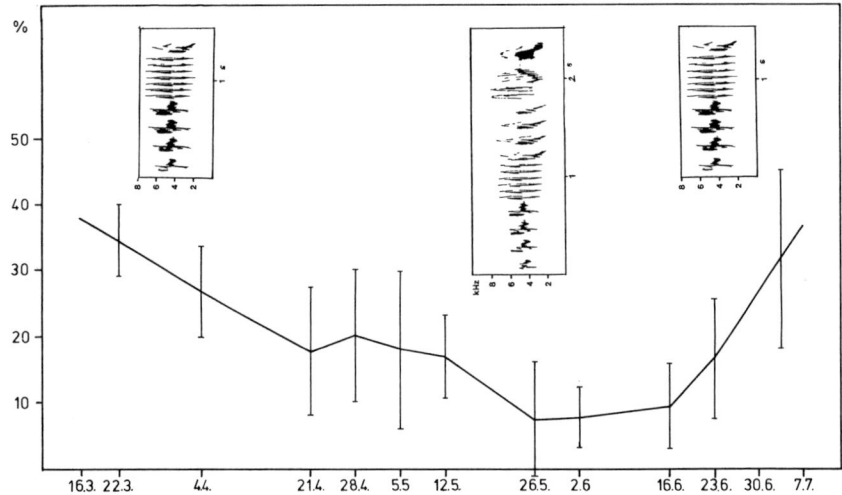

Abb. 45: Prozentsatz abgebrochener Strophen von Buchfinken im Laufe des Frühjahrs und Sommers. Dargestellt sind Mittelwerte und Standardabweichungen für 6 Männchen. Nach NÜRNBERGER et al. (1989), verändert

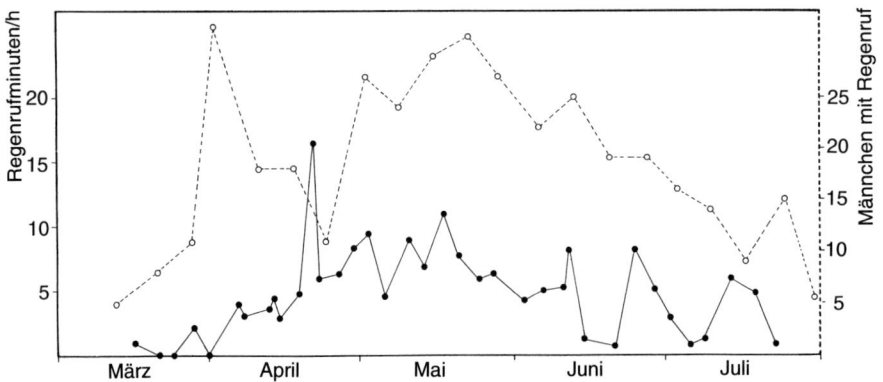

Abb. 46: Regenrufe im Laufe der Brutsaison. Durchgezogen: Mittlere Dauer der Regenrufaktivität in min/h für jeden Beobachtungstag und für 5 Männchen. Gestrichelt: Zahl der in einer Untersuchungsfläche je Exkursion mit Regenrufen angetroffenen Männchen. Nach KEMME (1983)

11.5 Ein heimliches Heim: Nest und Nestbau

Der Nistplatz wird allein vom Weibchen ausgesucht, das Nest in aller Regel allein vom Weibchen gebaut. Schon beim Prüfen der möglichen Nistplätze zeigt das Weibchen häufige Nestbaubewegungen. Es hockt sich mit drehenden Körperbewegungen in eine Astgabel am Stamm. Hinzu kommen Auf-ab-Bewegungen des Körpers, Verbeugungen und Kratzen mit dem Fuß. Ich habe gesehen, daß ein vorjähriges Männchen in der frühen Phase der Nistplatzwahl sein Weibchen begleitete und sich dabei auch selber einmal in eine Astgabel hockte (S. 70). Die Phase der Nistplatzsuche kann sich nach POKROVSKAYA (1968) über 2 bis 6 Tage erstrecken. Es leuchtet angesichts der vielen späteren Nestverluste ein, daß die Entscheidung für einen Nistplatz mit besonderer Sorgfalt getroffen wird.

Als **Nistplätze** werden meist Astgabeln am Stamm (Abb. 47, 49, 51) gewählt, in denen sich das Nest auch dann einigermaßen verbirgt, wenn die Bäume noch unbelaubt sind (TOMEK & WALIGORA 1976). Solche Nester findet man häufig in der frühen Fortpflanzungsphase. Doch kommen - vielleicht vorzugsweise bei zunehmender Belaubung - auch Nester vor, die frei auf einem Ast stehen, solche in Spalierpflanzen, an Mauern, Häusern, sehr selten am Boden (BEZZEL 1993). In Felsgebieten wie der Sächsischen Schweiz können Buchfinken zu Felsbrütern werden. U. AUGST (mündl. Mitt.) fand Nester in Felslöchern, eines auch im Gebälk einer Überdachung. Nicht selten finden sich Nester an häufig begangenen Wegen, auch in geringer Höhe von 1-2 m, so daß man bequem in sie hineinschauen kann. Es ist allerdings zu bedenken, daß viele Nester nach Störung verlassen werden.

In seinem nordwestdeutschen Untersuchungsgebiet hat SCHREIBER (1989) genau über die **Nistbäume** Buch geführt. Die meisten Nester fanden sich mit 27,3 % der Fälle (n = 1416) in Fichten (ebenso in Polen mit 15,9 %, n = 132, TOMEK & WALIGORA 1976), danach folgten Eichen mit 20,1 %. Alle anderen Gehölzarten (einschließlich Ziersträuchern) - insgesamt mehr als 50 verschiedene - erreichten jeweils weniger als 6 %. In der Oberlausitz ist ebenfalls die Fichte der meistgewählte Brutbaum, an ihre Stelle kann auch die Waldkiefer treten. Unter den Laubgehölzen dominierte hier der Holunder (*Sambucus nigra*) (EIFLER 1990). Vergleicht man nach SCHREIBER (1989) die Baumartenwahl mit dem Bruterfolg, so ergibt sich höchst Interessantes: In Laubbäumen waren nur 26,9 % der Bruten erfolgreich, in Nadelbäumen aber 43,3 % - wohl wegen der besseren Deckung. In Fichten sind die Nester nach allen Richtungen orientiert angelegt, in Buchen wird die Richtung Süd bevorzugt. Genutzte Buchfinkennester, d.h. solche, in die mindestens ein Ei abgelegt wurde, lagen durchschnittlich knapp 3 m hoch, fast 87 % von ihnen zwischen 1 und 4 m (Abb. 50). Das niedrigste Nest fand sich 80 cm, das höchste etwa 25 m hoch in einer Buche (SCHREIBER 1959). Sehr ähnlich sind die Angaben von TOMEK & WALIGORA (1976).

Das Weibchen benötigt nach Schätzungen von MARLER (1956a) etwa 1300 Nestbesuche zum Bau eines vollständigen Nests. Diese Leistung kann sich auf 3-18 Tage verteilen. SCHREIBER (1989) stellte für 11 genau kontrollierte Nester zwischen Beginn des Baus und Ablage des ersten Eis eine durchschnittliche Dauer von 9,6 ± 4,6 Tagen fest. Vorjährige Weibchen brauchen mehr Zeit als alte. Das Männchen hält sich während des Nestbaus abseits. Zuweilen begleitet es die Partnerin (GEYR VON SCHWEPPENBURG 1942). Mindestens gegen Ende der Nestbauphase ist dieses **Begleiten** sehr ausgeprägt. Es beinhaltet wahrscheinlich ein Partnerbewachen (mate guarding). Das Männchen verhindert auf diese Weise, daß andere Männchen mit seinem Weibchen kopulieren und dadurch seinen persönlichen Fortpflanzungserfolg vermindern. Zu dieser Zeit ist das Männchen häufig schon begattungsbereit, das Weibchen aber noch nicht. Dann kommt es zu intensiven Verfolgungsjagden, auch über die Reviergrenzen hinaus.

Abb. 47: Das Buchfinkennest in der Astgabel einer Erle ist gut getarnt. Dennoch werden viele Nester zerstört. Foto Verf.

Abb. 48 (rechte Seite, oben): Buchfinken-Weibchen beim Sammeln von Nistbaumaterial. Von der Borke eines Baumes werden Flechtenstücke abgepickt, die später die Außenschicht des Nestes zieren. Foto Verf.   ➤

Abb. 49 (rechte Seite, unten): Späte Nestbauphase. Das Weibchen bearbeitet sorgfältig den mit Spinnwebmaterial verfestigten Nestrand. Foto Verf.   ➤

Abb. 50:
Verteilung genutzter Buchfinken-
Nester auf Baumhöhen. Nordwest-
deutsche Kulturlandschaft.
M Median. Nach SCHREIBER (1989)

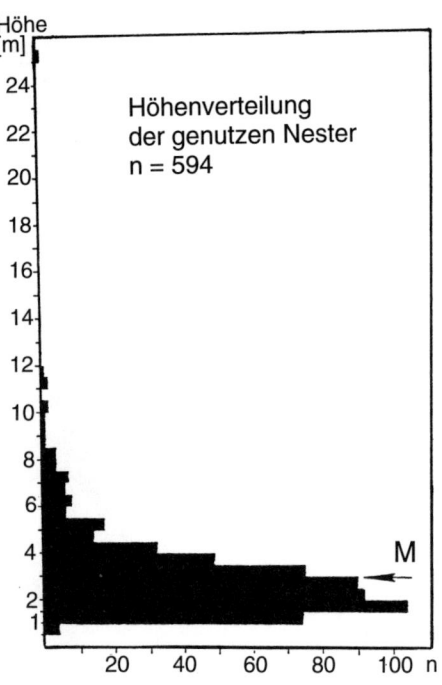

Abb. 51:
Schnitt durch ein Buchfinkennest
in einer Astgabel. a Außenschicht, b Mittelschicht, c Innenschicht, d Auskleidung, e Nestrand.
Aus TOMEK & WALIGORA (1976)

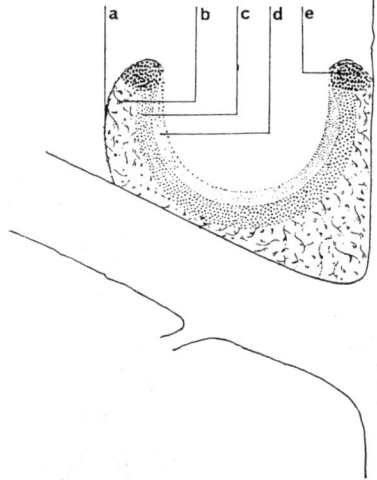

Selten ist beobachtet worden, daß auch das Männchen sich beim Nestbau beteiligt (MESTER 1960; Übersicht bei KRÄGENOW 1986). Der **Nestbau** ist u.a. von v. DOBBEN (1949) beschrieben worden. Er beobachtete, daß an der Nestbasis Fäden von Moos oder anderem Material um dünnere Äste gewunden werden. Die äußerste Schicht des Nestes enthält viele Spinnweben, Flechtenstückchen und anderes hellfleckiges Material, das dem Nest Tarnung verschafft. Ich habe beobachtet, wie ein Weibchen Stückchen eines Papiertaschentuches verbaute. In einem anderen Nest waren weiße Styroporstücke verwendet worden. HEIN- ROTH und das entsprechende Material werden vorwiegend mit Hilfe der Kokongespinste von Spinnen außen am Nest befestigt (STORER & HANSELL 1993). An die dünne Außenschicht (Abb. 51 a), die auch ganz aus Moos bestehen kann, schließen sich nach Beobachtungen von TOMEK & WALIGORA (1976) drei weitere Schichten nach innen an: die Grundschicht (b), die Innenschicht (c) und die Auskleidung (d). Grund- und Innenschicht bestehen meist aus Moos, Halmen und Fasermaterial. Für die Auskleidung werden Haare und (z.T. große) Federn sowie feine Wurzeln verwendet. Man kann an dem vom Weibchen gesammelten Nestbaumaterial recht gut erkennen, in welchem Bauzustand sich das Nest befindet. Ein dichter Ring verfestigt den Nestrand (Abb. 51 e).

In der späten Nestbauphase sitzt das Weibchen während des Bauens fast stets im Nest und zupft die Spinnweben am Rand und der Außenseite zurecht (Abb. 49). Der Nestrand wird immer wieder durchgewalkt. Zwischendurch wird mit Strampelbewegungen das Nestinnere geformt, wobei das Weibchen den Schwanz und den Kopf steil nach oben reckt. Das Material verlassener Nester wird z.T. zum Bau des neuen verwendet.

11.6 Kindersegen: Eiablage und Gelegegröße

Daten zu Gelegegröße, Eigröße, Brutphänologie, Nachgelegen u. dgl. sind von NEWTON (1964) für Großbritannien, SVENSSON (1978) für Skandinavien, DOLNIK (1982) für das Baltikum und BEZZEL (1993) zusammenfassend für Mitteleuropa zusammengestellt worden. In den drei Jahrzehnten nach 1950 hat sich die Eiablage in Skandinavien um 4 Tage verfrüht, was mit der allgemeinen Klimaerwärmung zu tun haben könnte (SVENSSON 1978). NEWTON (1964) hat aufgrund von 3500 Nestkarten für England folgende Feststellungen getroffen: Die **Eiablage** findet zwischen Mitte April und Mitte Juni statt, mit einem ausgesprochenen Maximum in den ersten Maitagen. Doch variieren diese Daten je nach der geographischen Lage und der jährlichen Witterung, besonders im Zusammenhang mit der Außentemperatur. Die Eizahl im Vollgelege lag zwischen 2 und 7 (Mittel 4,3). Ab Ende Mai fällt sie auf geringere Werte ab. Auch der Bruterfolg ist

von der Jahreszeit abhängig und variiert, vor allem durch unterschiedlich starkes
Einwirken der Beutegreifer, von Jahr zu Jahr.
    Zum Vergleich seien die Daten von SCHREIBER (1989) aus Nordwestdeutsch-
land aufgeführt. Der Legebeginn wurde frühestens in der zweiten Aprilpentade
nachgewiesen, also in der Zeit zwischen 6. und 10. April. Fast 50 % der Gelege
wurden in der 3. April- und der ersten Maidekade begonnen, also zwischen 21.
April und 10. Mai (Abb. 52). Der Median des Legebeginns fiel auf den 6. Mai. Die
Brutsaison konnte sich bis Mitte Juli hinziehen, so daß die letzten Jungen erst
Mitte August ausflogen.
    Von einem Vollgelege kann man dann sprechen, wenn sich die Eizahl zwi-
schen zwei Kontrollen am Nest im Abstand von drei Tagen nicht verändert. Die
Eizahl schwankte nach den Ergebnissen von SCHREIBER (1989) zwischen 1 und
6. Für 348 Vollgelege ergab sich die folgende Verteilung: 1 Ei (0,3 %), 2 Eier (0,6
%), 3 Eier (6,9 %), 4 Eier (30,0 %), 5 Eier (60,0 %), 6 Eier (2,9 %). Die meisten
Nester hatten also 5 Eier. Der Mittelwert für 7 Jahre schwankte nur wenig um 4,6
Eier pro Gelege. Dagegen veränderte sich die mittlere Gelegegröße deutlich
während der Saison. Stieg sie im Mai leicht an, so sank sie im Juni und bis zum
Ende der Saison im Juli kräftig ab (Abb. 53). Unter den späten Gelegen sind
sicher viele Nachgelege enthalten.

Abb. 52:
Prozentuale Vertei-
lung der Legebeginne
in einer nordwest-
deutschen Buchfin-
ken-Population. Nach
SCHREIBER (1989)

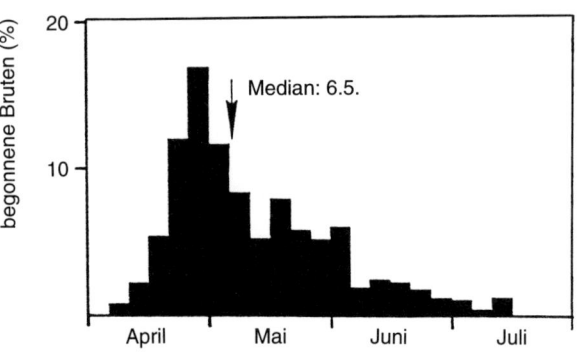

11.7 Brut und Aufzucht der Jungen: Wärme und Futter

Das Bebrüten des Geleges ist wieder allein Sache des tarnfarbigen Weibchens.
Diese Phase dauert 12-13 Tage, nach SCHREIBER (1989) für 37 nordwestdeutsche
Gelege durchschnittlich 12,3 Tage. Auch hier gibt es jahreszeitliche Schwankun-
gen. 18 Aprilbruten nahmen durchschnittlich 13,3 Tage in Anspruch, 16 Maibru-
ten nur 11,4 Tage, 3 Junibruten 10,8 Tage.

Abb. 53:
Mittlere Gelegegröße in ihrer Veränderung im Laufe der Brutsaison. n Anzahl der Gelege (oben: je Stichprobe). Mittelwerte mit Standardabweichungen und Extremwerten. Nach SCHREIBER (1989)

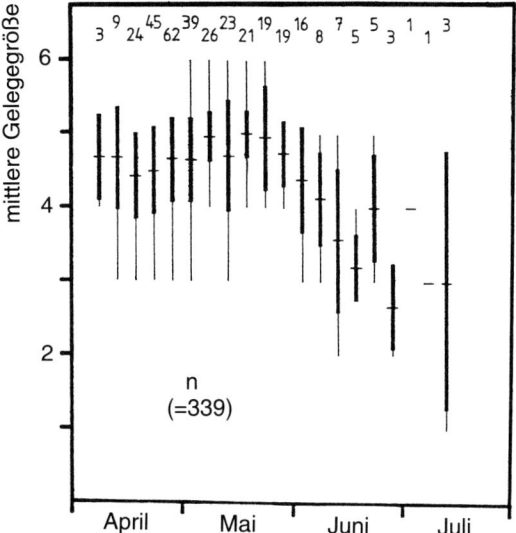

Dem Weibchen fällt anschließend vorrangig die Aufgabe zu, die Jungen zu füttern. Beim **Füttern** beteiligt sich auch das Männchen wieder, doch gehen durchschnittlich nur 15 % der Fütterbesuche auf sein Konto (MARLER 1956 a). Während 44 Beobachtungsstunden an einer Brut ermittelte BARRETT (1947) allerdings, daß auf das Männchen 37,5 % der Fütterungen (n = 293) entfielen. Allerdings war seine Beteiligung ungleichmäßig: An den ersten 5 Tagen lag sie bei 34 %, an den folgenden 5 Tagen bei 52 %, in der letzten Phase von 5 Tagen wieder nur bei 25 %. Kompliziert wird es, wenn das Weibchen die Jungen hudert und das Männchen mit Nahrung kommt. Entweder rückt das Weibchen beiseite und läßt das Männchen füttern oder das Männchen übergibt dem Weibchen, das manchmal bettelt, das Futter, und sie gibt es an die Jungen weiter. Manchmal macht das Weibchen auch das Nest ganz frei, um anschließend gleich wieder zurückzukehren. Selten verzehrt das Männchen das Mitgebrachte selbst (BARRETT 1947). Die ausgeflogenen Jungen werden in den meisten Fällen vom Männchen gemeinsam mit dem Weibchen weitergefüttert (Abb. 54). HANSKI et al. (1992) bemerkten aber auch bei zwei Männchen, daß sie sich überhaupt nicht um ihren Nachwuchs kümmerten, sondern wieder intensiv zu singen begannen.

11.8 Schnell großwerden: Entwicklung der Jungvögel

O. HEINROTH und seine Frau MAGDALENA (1927) haben neben vielen anderen europäischen Vogelarten auch Buchfinken großgezogen. Sie geben an, daß ein Ei etwa 2,5 g wiegt, wovon etwa 20 % der Dotter ausmacht. Das frisch geschlüpfte Küken wiegt etwa 1,5 g. Ob die Küken schon vor dem Schlupf, also noch als Embryonen, Lautäußerungen produzieren, um mit den Altvögeln in Kommunikation zu treten, ist nicht bekannt. Schon am ersten Tag, möglicherweise schon während des Schlupfes, sperren Buchfinken-Nestlinge häufig spontan, d.h. ohne erkennbare Auslösung von außen, obwohl sie zu dieser Zeit noch von ihrem Dottervorrat zehren und nicht auf die Fütterung angewiesen sind. Diese Spontanität weicht später einer gezielten reizabhängigen Auslösung. Der Sperrachen der Nestlinge zeichnet sich übrigens durch Blautöne aus, was sonst noch bei einigen verwandten Arten vorkommt (HEINROTH 1927). Schon vom ersten Tag an

Abb. 54: Das Männchen beteiligt sich bei der Fütterung des flüggen Jungvogels. Dessen Kleid ähnelt dem des Weibchens. Foto Verf.

Abb. 55:
Das Ruhekleid des Buchfinken-Männchens ist unauffällig. Der Schnabel ist graurötlich mit dunklen Abzeichen, im Kleingefieder machen fahle Säume die Farben unscheinbar.
Foto R. SIEBRASSE.

lösen auch Erschütterung und akustische Reize das Sperren aus. Diese Reize verlieren am 8.-9. Tag ihre Wirksamkeit, während optische Reize vom 7. Tag an wirksam werden (PRECHTL 1953). Wenn man solchen Nestlingen zu dieser Zeit jedoch die Augen verklebt, beginnen sie nach einiger Zeit wieder auf Erschütterungsreize anzusprechen. Der zugehörige Auslösemechanismus ist also noch existent, nur durch die optische Aktivierung unterdrückt (PRECHTL 1953). Hunger erniedrigt, Schlaf erhöht die Schwelle für das Sperren. Bei Hunger verliert die Auslösung an Spezifität. Über die jugendlichen Lautäußerungen s.S. 62f.

Während der Entwicklung durchlaufen die Jungen nach MARLER (1956a) die folgenden Phasen, in denen sie zunehmend an Selbständigkeit gewinnen:

Nestlingsphase: 13-14 Tage. SCHREIBER (1989) fand für 30 Bruten, die im Mai geschlüpft waren, eine durchschnittliche Nestlingszeit von 13,1 Tagen, für 11 Junibruten aber nur 10,7 Tage. Der Unterschied ist gesichert (p < 5 %). Wahrscheinlich spielen hier die höhere Temperatur, das bessere Nahrungsangebot und die größere Tageslänge eine Rolle. Etwa am 10. Tag beginnen die Jungen, mit Flügelschwirren zu betteln (BARRETT 1947).

Kryptische Phase: 3 Tage. Junge haben das Nest verlassen und sitzen verborgen in Deckung noch im Bereich des Reviers.

Abhängige Bewegung: etwa 5 Tage. Familie streift frei umher, verläßt oft das Revier.

Halbabhängigkeit: 10-14 Tage. Eltern füttern mit abnehmender Häufigkeit. Bei zwei Bruten stellte BARRETT (1947) eine Fütterungsphase außerhalb des Nestes von 21 und 22 Tagen fest. Junge gehen zum eigenen Nahrungserwerb über, werden aggressiv gegeneinander und gegen die Eltern. Junge Männchen beginnen mit Jugendgesang.

Unabhängigkeit: Die Familie ist aufgelöst.

11.9 Zweitbruten sind die Ausnahme

Weil die Bruten während der Fortpflanzungsphase so stark zeitlich streuen, insbesondere durch die vielen Brutverluste und die daraus resultierenden Nachbruten, kann man leicht den Eindruck gewinnen, daß Buchfinken zweimal brüten. Eine echte **Zweitbrut** desselben Paares hat SCHREIBER (1989) indessen unter Hunderten von Bruten nicht ein einziges Mal nachgewiesen. Dagegen registrierte er in einem Revier bis zu drei Nachgelege mit insgesamt maximal 19 abgelegten Eiern, aus denen nicht ein einziger flügger Jungvogel entstand. Auch DOLNIK (1982) ermittelte auf der Kurischen Nehrung nur bei 3 % der Paare echte Zweitbruten.

12 Nahrungserwerb und Ernährung

12.1 Nahrungserwerb: Nahrung suchen, erkennen, aufnehmen

Die basale Form der Nahrungsaufnahme besteht im Picken. Junge Buchfinken picken bald nach Verlassen des Nestes nach vielen verschiedenen kleinen Objekten, wenn sie sich vom Untergrund abheben. Sie prüfen sie im Schnabel und verzehren sie, wenn sie ihnen zusagen. Sie lernen auf diese Weise - anfänglich durch Versuch und Irrtum, dann durch fortschreitendes Lernen am Erfolg - die verschiedenen für sie brauchbaren Nahrungsarten zu erkennen (KEAR 1962). Das gilt wahrscheinlich für pflanzliche ebenso wie für tierliche Nahrung.

Insekten und andere kleine Kerbtiere werden von Buchfinken ebenso wie Sämereien aufgepickt. Während Samen zunächst geschält werden müssen, können Insekten meist direkt verzehrt werden. Große Beutetiere, wie z. B. eine mehrere Zentimeter lange Larve einer Wiesenschnake (*Tipula* spec.) werden allerdings zum nächsten Baum getragen, dort wiederholt auf einen Ast geschlagen und dann erst geschluckt (eig. Beob.). Schmetterlinge werden von ihren Flügeln befreit, ehe sie an Nestjunge verfüttert werden (BARRETT 1947).

Buchfinken sind nicht in der Lage, größere Nahrungsobjekte, von denen sie etwas abpicken, mit dem Fuß festzuhalten. Während Stieglitze (*Carduelis carduelis*) am Boden liegende reife Oliven mit beiden Füßen unterklemmen und dann mit dem Schnabel bearbeiten, können Buchfinken dies nicht. Sie können nur kleine Stücke davon abpicken oder unter Kopfschütteln ein größeres Stück abreißen.

Beim Schnappen nach fliegenden Insekten im schwirrenden Fangflug entsteht oft ein geräuschhafter Instrumentallaut, das Schnabelknappen. Beispiele für die vielfältigen Verhaltensweisen des Nahrungserwerbs sind in Abb. 56 zusammengestellt. Zum Nahrungserwerb gehört auch das Trinken, das in singvogeltypischer Form abläuft (Abb. 57). Über den Nahrungserwerb außerhalb des Reviers siehe S. 75. Die Nahrungssuche findet in der kühlen Jahreszeit vor allem am

Abb. 56: Verhaltensweisen des Nahrungserwerbs bei Buchfinken. Zeichnungen F. MÜLLER nach DOLNIK (1982) und anderen Quellen

Boden statt, im Frühjahr und Sommer mehr in Baumkronen auf verschiedener Höhe (Abb. 58). Aber auch im Sommer spielt der Boden für Buchfinken jederzeit eine wichtige Rolle. Sie vermeiden Lebensräume, in denen eine zu hohe Strauch- oder Krautschicht ihnen den Zugang zum Boden verwehrt (S. 65). Das Ausmaß

Abb. 57:
Trinkender Buchfink.
Zeichnung F. MÜLLER
nach Foto des Verf.

der Bodennutzung nimmt allerdings zugunsten anderer Substrate im Laufe des Frühjahres drastisch ab (Abb. 59).

Am Winterfutterplatz sind Buchfinken auch als Kleptoparasiten aufgefallen, die anderen Besuchern wie Grünfinken (*Carduelis chloris*) heimlich folgen und ihnen unversehens Nüsse und andere Nahrungsstücke wegnehmen (SIMMONS 1986) - eine Form des Parasitismus.

Abb. 58:
Höhenverteilung der Nahrungssuche von Buchfinken am Boden (0 m) bzw. in Bäumen während der Brutsaison in Nordwestdeutschland.
Nach SCHREIBER (1989)

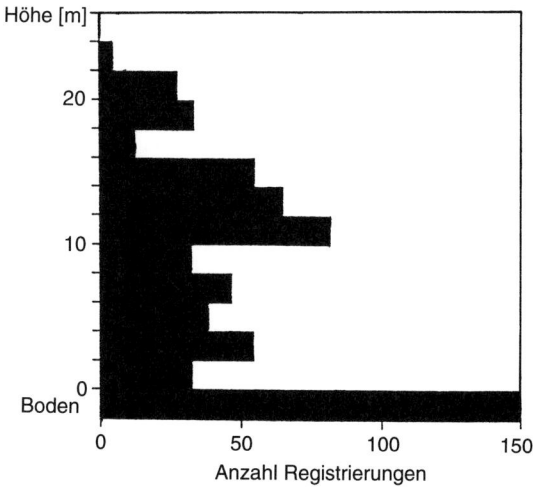

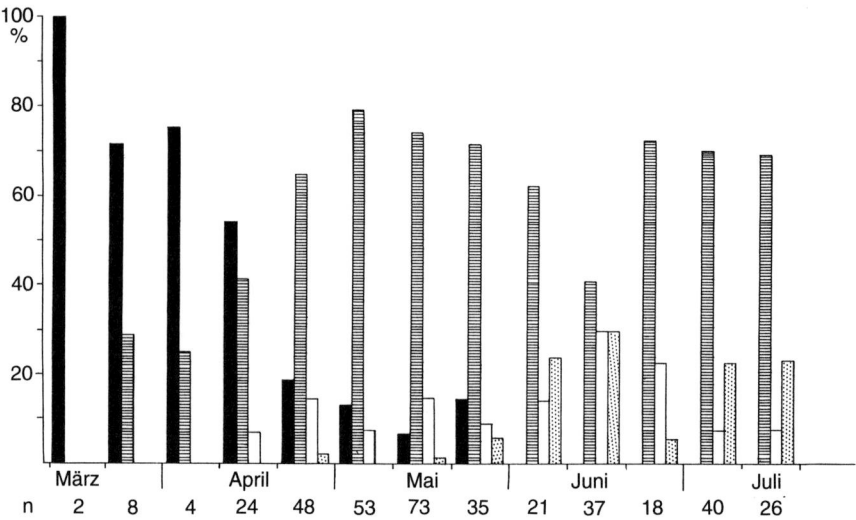

Abb. 59: Prozentanteile verschiedener Nahrungssuchstrategien beim Buchfinken im Verlauf der Brutsaison je Monatsdrittel. Schwarz: Boden; quer schraffiert: hüpfend auf Baum; weiß: Fangflug; gepunktet: Rüttelflug am Substrat. Aus KEMME (1983)

12.2 Nahrung der Altvögel

Während viele zartschnäblige Vogelarten, die sogenannten Weichfresser, wie z.B. die Grasmücken (*Sylvia* spec.) und auch das Rotkehlchen (BERTHOLD 1976, GLUTZ VON BLOTZHEIM & BAUER 1988), nach Ende der sommerlichen Fortpflanzungszeit, sozusagen abweichend von der normalen Ernährung, dazu übergehen, Beeren und andere Früchte zu fressen - das Rotkehlchen sogar Eicheln - ist der Buchfink primär phytophag, also auf pflanzliche Ernährung eingestellt (NEWTON 1967). Zur Fortpflanzungszeit aber nutzt er vorwiegend tierische Nahrung (Abb. 60). Er weicht damit von seiner eigentlichen familienspezifischen Anpassung als Körnerfresser ab. Er ist insgesamt gesehen omnivor, zu jedem bestimmten Zeitpunkt aber vorwiegend karnivor oder phytophag.

Während die Weichfresser nach den eingehenden Untersuchungen von BERTHOLD (1976) nicht in der Lage sind, sich über längere Zeit nur von Beeren und anderer vegetabilischer Nahrung zu ernähren, geht das bei den Körnerfressern wohl eher. Feldsperlinge und einige andere Körnerfresser überleben längere Zeit auch bei reiner Körnernahrung. Das dürfte für den Buchfinken im Winter auch zutreffen. NEWTON (1967) fand zwischen Mitte Juli und Mitte April im Darm von Buchfinken in England fast ausschließlich Pflanzensamen, vorwiegend Getrei-

Abb. 60:
Prozentanteil tierlicher Nahrung in der Ernährung von Buchfinken während des Jahres. Die schwarzen Punkte gelten für die Kurische Nehrung, die offenen Kreise für das Überwinterungsgebiet. Nach DOLNIK (1982)

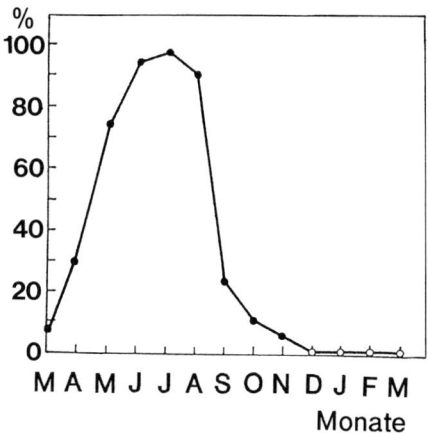

dekörner. Daneben spielten Samen von Kreuzblütlern (Gattung *Sinapis*, Senf), Gänsefußgewächsen und Knöterich sowie von vielen anderen eine Rolle. Der Buchfink kann durch seinen relativ langen Schnabel und seine Nahrungssuche am Boden ein breites Spektrum von Nahrung nutzen und ist damit den Verwandten überlegen (NEWTON 1967).

Die pflanzliche Kost nimmt im Sommer den Charakter einer Zusatznahrung an. Schon im Frühjahr beginnen die Vögel, **Insekten** und andere Arthropoden zu fressen. Viele Beutetiere suchen sie auf Laub und Ästen der Bäume, fliegende Insekten fangen sie durch Schwirr- oder Fangflüge (Abb. 56 a). Ein Männchen und zwei Weibchen wurden von KÄLLANDER (1982) dabei beobachtet, wie sie am Bachufer und im flachen Wasser Köcherfliegenlarven erbeuteten und diese zum Verzehr aus ihren Sandgehäusen herausschälten. Wenn sie am Boden Nahrung suchen, nehmen Buchfinken auch zur Brutzeit Grassamen, Teile der Vogelmiere (*Stellaria media*) und anderes pflanzliches Material auf. Sie verlassen sogar ihre Reviere, um an Mieten Maiskörner anzupicken, an Olivenbäumen von den reifen Früchten zu naschen oder an belebten Plätzen Speisereste des Menschen wie Schokolade oder Brotkrumen aufzunehmen. Ein Männchen, das mehrfach versuchte, einen flüggen Jungvogel mit einer Brotkrume zu füttern, hatte allerdings Pech. Der Jungvogel verweigerte die Annahme, ebenso bei einem Stück Käse (BARRETT 1947).

Es ist eine interessante Frage, inwieweit die Gestalt des ungewöhnlich gestreckten Körnerfresserschnabels an das sommerliche Weichfutter angepaßt ist. Jedenfalls dürfte sie im Laufe des Jahres unterschiedlichen Selektionsdrücken ausgesetzt sein. Die geringere Spezialisierung des Buchfinken auf Körnernahrung zeigt sich auch darin, daß ihm ein ausgeprägter Kropf zu fehlen scheint. Die Angehörigen einer nächstverwandten Unterfamilie, die Carduelinen (Stieglitze, Grünfinken, Zeisige usw., Gattung *Carduelis* und Verwandte) haben dagegen einen solchen Kropf, eine Erweiterung der Speiseröhre, worin sie trockene Körnernahrung aufweichen. Daß doch auch bei Buchfinken ein langer, spindelförmiger, wenn auch schwer erkennbarer Kropf vorhanden ist, hat NIETHAMMER (in ECK 1975) festgestellt.

12.3 Nahrung der Nestlinge

Die Nestlinge werden fast ausschließlich mit tierlicher Nahrung versorgt. Mit Halsringmethode fand SCHREIBER (1983) heraus, daß zahlenmäßig Blattläuse, vom Gewicht her jedoch mehr Fliegen, Mücken und Schmetterlingsraupen die Hauptrolle spielen. Sonstige Insektengruppen sowie Schnecken, Asseln, Hundertfüßer und Spinnentiere treten demgegenüber in den Hintergrund. Schnekkenhäuser dürften als Kalklieferanten regelmäßig und gezielt von den Altvögeln gesucht und an die Nestlinge verfüttert werden. Das ist für viele Singvögel bekannt und besonders für Goldhähnchen (*Regulus* spec.) gut untersucht (THALER 1979 u. mündl. Mitt.).

Das Gewicht der verfütterten Beutetiere schwankt zwischen 0,5 und etwa 500 mg, ihre Länge zwischen 1,5 und etwa 30 mm. Mit dem Alter der Nestlinge nimmt nicht nur die Menge der verfütterten Nahrung, sondern auch die Größe der Beutetiere zu. Mit fortschreitender Brutzeit wird ebenfalls die Anzahl verschiedener verfütterter Beutetiere größer, d.h. die Diversität des Beutespektrums steigt an (SCHREIBER 1983).

13 Feindverhalten und Feinde

13.1 Feindverhalten

Unter Feindverhalten ist nicht etwa das Verhalten eines Feindes zu verstehen, sondern das Verhalten der Buchfinken bei Bedrohung durch einen Feind. Buchfinken zeigen angesichts eines Bodenfeindes oder eines ruhenden Flugfeindes eine artspezifische Haßreaktion, die auch auf andere Arten wirkt (FLEUSTER 1973). Dabei äußern sie laute „pink"-Rufserien und bewegen sich erregt in der Nähe des Feindes, wobei sie das Kopfgefieder aufrichten, mit dem Schwanz schlagen, Knicksbewegungen machen und die Flügel leicht anheben. Sie stoßen auch gelegentlich gegen den Feind, um kurz vor ihm abzuschwenken. Das Hassen zieht nicht nur andere Vögel an, sondern tut dem Beutegreifer auch kund, daß er entdeckt ist. Seine Erfolgschancen sind nun gemindert.

Die Haßreaktion kann bei häufiger Präsentation eines Feindes oder einer Feindattrappe kurzfristig und reizunspezifisch ermüden, sich aber auch wieder erholen. Reizspezifisch dagegen ist die langfristige Gewöhnung (Habituation), die durch entsprechende Reizanordnung ebenfalls erreicht werden kann (HINDE 1954).

Buchfinken können sich sogar an arteigene Alarmrufe („pink", S. 60f) gewöhnen, wenn sie ihnen nur monoton und häufig genug dargeboten werden, z.B. vom Tonband (Abb. 61). Das gilt sowohl im Laborversuch (ZUCCHI & BERGMANN 1975) als auch im Freilandexperiment (ZUCCHI 1979 a,b). Die Gewöhnung wird allerdings umso schwieriger, je unvorhersehbarer und variabler die Reizdarbietung ist. Sie wird durch innere und äußere Störfaktoren wirkungslos gemacht (Abb. 62; ZUCCHI 1979b). Im natürlichen Kontext sind die äußeren und inneren Situationen so variabel, daß Gewöhnung an arteigene Signale keine Rolle spielen dürfte. Gewöhnung an das Auftauchen von Beutegreifern dürfte nur dann eintreten, wenn sie sich als völlig harmlos erweisen.

Die „pink"-Rufe haben für Buchfinken eine negative Bedeutung. Man kann die Vögel im Experiment dazu bringen, bestimmtes Verhalten zu unterlassen, wenn

man ihnen danach als „Strafe"
die Rufe vom Tonband vorspielt
(THOMPSON 1969). Zum Feindverhalten gehören auch die Luftfeind-
rufe.
Je früher man einen Feind entdeckt, desto eher kann man sich vor
ihm schützen. Das geschieht durch
Aufmerken. Der Vogel unterbricht
häufig seine Nahrungssuche oder
anderes Verhalten, um seine Umgebung zu mustern. Weibliche
Buchfinken sind - wenigstens im
Winter - grundsätzlich aufmerksa-
mer als die Männchen, d.h. sie mer-
ken häufiger auf. Befinden sie sich
in Gesellschaft von Artgenossen, so
vermindert sich entsprechend einer
allgemeingültigen Regel (KREBS &
DAVIES 1984) die Häufigkeit ihres
Aufmerkens mit der steigenden
Truppgröße (BEVERIDGE & DEAG
1987). So gewinnt das Individuum
mehr Zeit für die Nahrungssuche.
Erstaunlicherweise wirkt bei Buchfinken auch hier der Geschlechtsdiethismus. Weibchen verlassen

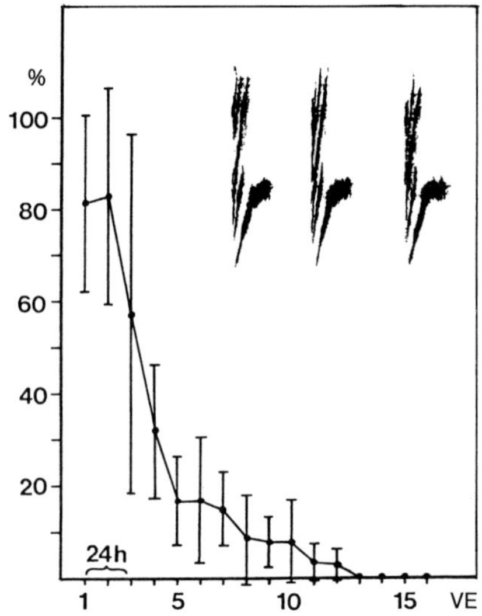

Abb. 61:
Ein Buchfink gewöhnt sich im Laborexperi-
ment an zweimalige tägliche Darbietungen von
arteigenen Alarmrufen („pink-pink-pink").
VE Sequenz der Versuchsereignisse. Die auf
100% (Ausgangswert) bezogenen Reaktionen
des Verharrens vermindern sich ziemlich
rasch und erlöschen mit dem 13. Reizversuch
ganz. Nach ZUCCHI & BERGMANN 1975

Abb. 62:
Gewöhnung eines freilebenden Buchfin-
kenpaares an das Auftreten des Ver-
suchsleiters (offene Symbole) und an die
nachfolgende Darbietung von arteigenen
Alarmrufen (schwarze Symbole). VE Ab-
folge der Versuchsereignisse. R/A Reaktion der Versuchstiere, Anzahl der Rufe
von Männchen und Weibchen. Der Ver-
suchsablauf wird mehrmals gestört (1
Mäusebussard kreist; 2 Rotmilan kreist;
3 Elster, Pica pica, in Nestnähe), die
Gewöhnung geht aber anschließend
weiter. 4 Das Schlüpfen der Jungen im
Nest führt zu einem hohen Erregungsni-
veau und unterbindet vorübergehend die
Wirkung und den Fortgang der Gewöhnung. Nach ZUCCHI 1979

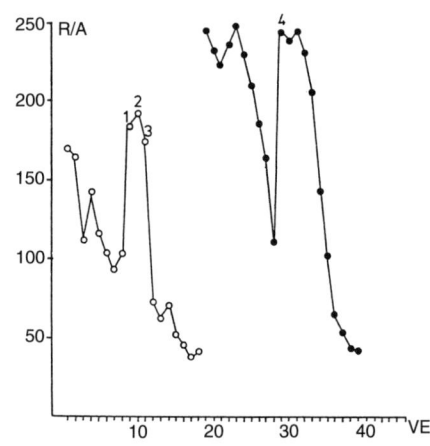

sich nicht auf anwesende Männchen, sondern nur auf andere Weibchen. Vielleicht spielt auch der Rangunterschied dabei eine Rolle (BEVERIDGE & DEAG 1987).

Eine weitere Abwehrstrategie verfolgter Buchfinken besteht in der **Schreckmauser**. 31 % von mit Japannetzen gefangenen Vögeln warfen Kleingefieder vom hinteren Körperteil ab, knapp 1 % sogar den ganzen Schwanz. LINDSTRÖM & NILSSON (1988) beobachteten, wie ein vom Sperber gejagter und fast ergriffener Buchfink eine kleine Wolke von Federn abstieß. Dies könnte den Beutegreifer verwirren, ähnlich wie bei einem Tintenfisch, der eine Tintenwolke hinter sich läßt.

13.2 Beutegreifer und ihre Abwehr

In einer Buchfinkenpopulation dürfte der **Feinddruck** einen wesentlichen Mortalitätsfaktor darstellen. Erst in zweiter Linie kommen andere Faktoren wie Ernährung, Erkrankung und Witterung in Frage. Erwachsene und flügge junge Buchfinken fallen am häufigsten dem Sperber (*Accipiter nisus*) als spezialisiertem Kleinvogeljäger zum Opfer. Das zeigt sich in den Beutelisten von Greifvögeln und Eulen, die UTTENDÖRFER (1952) zusammengestellt hat. Unter 150.000 in Rupfungen und Gewöllen nachgewiesenen Beutetieren traten Buchfinken 11.000 mal auf, und zwar als Beutetier von Sperber (5220), Habicht (*Accipiter gentilis*, 79), Wanderfalke (*Falco peregrinus*, 181), Baumfalke (*Falco subbuteo*, 32), Merlin (*Falco columbarius*, 1), Turmfalke (*Falco tinnunculus*, 4), Mäusebussard (*Buteo buteo*, 20), Rotmilan (*Milvus milvus*, 2), Steppenweihe (*Circus pallidus*, 1), Schreiadler (*Aquila pomarina*, 1), Waldohreule (*Asio otus*, 130), Sumpfohreule (*Asio flammeus*, 1), Waldkauz (*Strix aluco*, 533), Steinkauz (*Athene noctua*, 3), Rauhfußkauz (*Aegolius funereus*, 9), Sperlingskauz (*Glaucidium passerinum*, 7), Schleiereule (*Tyto alba*, 24), Unbekannt (4531). In einer Beuteliste brütender Sperlingskäuze aus dem Waldviertel (Österreich) waren unter 69 Singvögeln Buchfinken zu mehr als 10 % vertreten, nämlich mit 5 Alt- und 3 Jungvögeln (BERGMANN & GANSO 1965). Man hüte sich aber davor, aus derartigen Listen vorschnell auf den Einfluß der Beutegreifer auf die Beutetierpopulationen zu schließen.

Auch rastende Buchfinken werden während des Weg- oder Heimzugs vorzugsweise vom Sperber heimgesucht. LINDSTRÖM (1989) beobachtete an solchen Plätzen 304 Angriffe, davon 270 vom Sperber. Im Herbst war die Angriffshäufigkeit mit 1,9 Angriffen/h höher als im Frühjahr (0,3 Angriffe/h). Die Truppgröße der Buchfinken variierte im Herbst zwischen 10 und 10.000. Die Angriffe wurden mit der Anzahl der vorhandenen Buchfinken häufiger, ebenso der Jagderfolg des Sperbers. Doch hängt die Truppgröße nicht mit dem Jagderfolg des Beutegreifers zusammen, so daß Buchfinken im großen Trupp keinen besseren Schutz fanden als im kleinen. Sie scharen sich wohl eher dort zusammen, wo sie geeignete Nahrung finden.

Für Nester mit Eiern und Jungen werden **Nesträuber** wie Baummarder (*Martes martes*), Wiesel (*Mustela erminea*) und Rabenvögel gefährlich. Die Anpassung an visuell jagende Feinde wird in Abwehrmaßnahmen deutlich. Buchfinken tarnen ihre Nester durch äußerlich angebrachte Flechten und anderes Material und legen sie, wenn möglich, in einer starken Astgabel am Stamm an (Abb. 47, GLÜCK 1983), so daß man sie leicht übersieht. Die Vögel können es sich daher häufig sogar leisten, ihre Nester an relativ hell beleuchteten und daher gefährdeten Stellen im Baum zu bauen (GLÜCK 1979), während andere Arten wie Hänfling (*Carduelis cannabina*), Girlitz (*Serinus serinus*) und Grünfink (*C.chloris*) ihre Nester stärker verstecken (GLÜCK 1983). Allerdings bevorzugen sie bei Auswahlmöglichkeit Fichten vor Laubbäumen als Niststandort und erzielen dort auch einen größeren Fortpflanzungserfolg (S. 94f, SCHREIBER 1989). Dennoch sind die Nestverluste groß (s.u.).

Die tarnfarbigen Weibchen, die allein das Gelege bebrüten, verhalten sich zur Brutzeit besonders unauffällig. SCHREIBER (1989) hat eine negative Beziehung zwischen dem Vorkommen des Eichelhähers (*Garrulus glandarius*) in verschiedenen Probeflächen einer nordwestdeutschen Kulturlandschaft und dem Bruterfolg des Buchfinken festgestellt (Abb. 63): Je mehr Eichelhäher, desto weniger Buchfinken wurden groß. Eine eindrucksvolle Geschichte darüber, wie ein Eichelhäher ein Nest mit drei jungen Buchfinken ausnahm, hat STEINFATT (1937) berichtet. Einen experimentellen Beleg für solche Beziehungen zu Rabenvögeln hat schon BERGMAN (1956) geliefert. Als er im Frühjahr 1950 die Elstern und

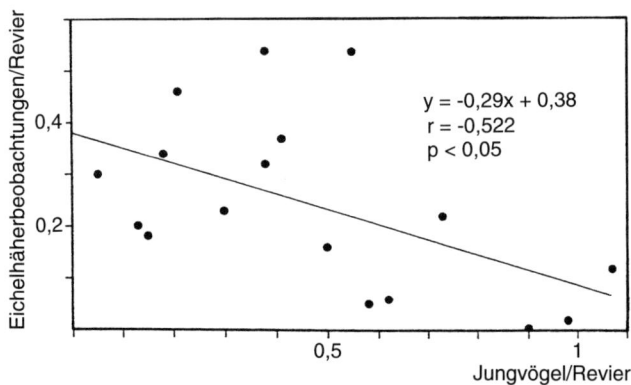

Abb. 63: Beziehung zwischen dem Bruterfolg (Anzahl der großgewordenen Jungvögel im Revier) und der Dichte eines Beutegreifers (Anzahl der Beobachtungen von Eichelhähern) in 17 Teilflächen eines Untersuchungsgebiets in Nordwestdeutschland. Nach SCHREIBER (1989)

Krähen in seinem Untersuchungsgebiet vergiftet hatte, stellte er in der nachfolgenden Brutsaison einen erhöhten Anteil erfolgreicher Finkenbruten fest. Auch seine eigenen Nestkontrollen führten zum Verlust einiger Buchfinkennester: Die Nebelkrähen beobachteten den Untersucher bei seiner Tätigkeit und erbeuteten nachher den Nestinhalt. Wohlverstanden: Buchfinken oder andere Kleinvogelarten werden durch den Eingriff der Beutegreifer nicht ausgerottet, sondern ihr Fortpflanzungserfolg wird gemindert. Die Wirkung der Beutegreifer ist gradueller Art.

13.3 Nestverluste: Nester umsonst gebaut

Trotz ihrer Tarnung sind Nester beim Buchfinken besonders gefährdet. Viele werden schon zu einem Zeitpunkt verlassen, bevor die Brut überhaupt begonnen hat (BERGMAN 1956, DOLNIK 1982, SCHREIBER 1989). Das führte im Untersuchungsgebiet von BERGMAN (1956) dazu, daß in der Regel nur 2-3 Nester von 8-18 Brutpaaren erfolgreich waren. Von 40 Nestern, die HANSKI & LAURILA (1993b) in Südfinnland im Baustadium entdeckten, waren 35 (87,5 %) erfolglos, meist durch Eingriff eines Beutegreifers. Auch nach den Angaben von 67 finnischen Nestkarten waren mehr als 70 % der Nester erfolglos. Eine Erklärung für die Brutverluste ließ sich weder in der Baumartenwahl noch in der Höhe der Nester im Baum finden. Die Autoren kommen zu der Überzeugung, daß ,,Zufall'' eine erhebliche Rolle spielt. In unseren eigenen Untersuchungen am Dümmer in Nordwestdeutschland ergab sich, daß manche Paare in der Saison 4-5 Nester bauten, die alle verlorengingen. Manche Nester wurden schon vor ihrer Fertigstellung zerstört oder verlassen. Eines lief bei einem Gewitter voll Wasser, die Brut ging zugrunde. KRÄGENOW (1986) fand eine Reihe von Nestern, die durch Sturm heruntergeweht worden waren. Selbst wenn dabei Eier oder Jungvögel noch nicht vorhanden waren, bedeutet auch der alleinige Verlust des Nestes eine verlorene Investition von Energie, Zeit und Material.

14 Population

Die Buchfinkenpopulation ist die Gesamtheit der Buchfinken in ihrer Verteilung auf den Raum. Sie setzt sich aus Teilpopulationen zusammen, die man fast beliebig abgrenzen und benennen kann, z.b. die Teilpopulation von Teneriffa, die von Berlin oder der Bundesrepublik Deutschland. Hinsichtlich ihrer räumlichen Verteilung kann die Population ganz unterschiedliche Zustände annehmen. Zur Brutzeit ist sie paarweise gleichverteilt und ortsfest (mit Ausnahme der nicht verpaarten, nicht territorialen Individuen). Außerhalb der Brutzeit neigen die Vögel zur Gruppenbildung, wandern (S. 124) oder streifen umher. Andere Teile der Population bleiben ortsfest. Sie verteidigen jedoch keine Reviere.

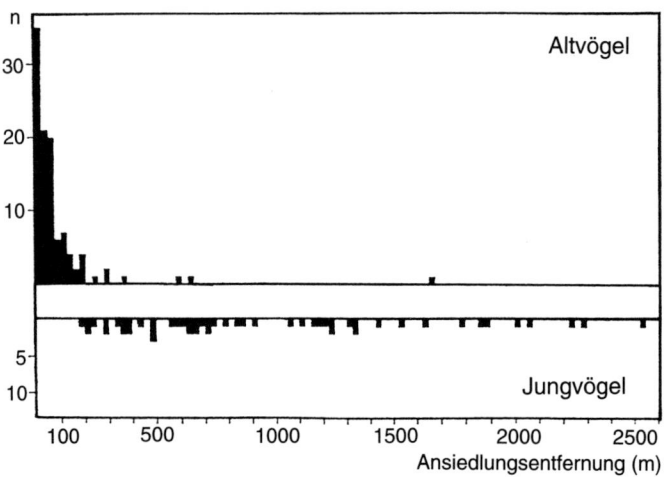

Abb. 64: Ansiedlungsentfernung adulter (oben) und junger (unten) Buchfinken in Bezug zum vorjährigen Brutrevier bzw. Geburtsort in Nordwestdeutschland. Nach SCHREIBER (1989)

14.1 Ortstreue: Brut am alten Platz

Hohe Brutortstreue hat MIKKONEN (1983) in Nordfinnland nachgewiesen: 91,7 % der Männchen siedelten im Brutrevier des Vorjahres. Über entsprechende Befunde aus einer nordwestdeutschen Kulturlandschaft berichtet SCHREIBER (1989). Von 107 farbmarkierten Altvögeln siedelten sich 92,5 % in einer Entfernung bis zu 200 m vom vorjährigen Revier an (Abb. 64 oben). Als Nestlinge beringte Jungvögel aus dem Vorjahr fanden sich nie in dieser Nahzone um den Platz ihrer Geburt ein. Nur 9,2 % von ihnen wurden überhaupt im Untersuchungsgebiet wiedergefunden. Sie siedelten sich in Entfernungen zwischen 200 und 2550 m vom Geburtsort an (Abb. 64 unten). Sie stellen also - vielleicht zusammen mit den Nichtbrütern - das mobile Element der Population dar, das auch neue Lebensräume oder Arealteile zu erobern imstande ist.

14.2 Ohne Partner: die Populationsreserve

Wenn das Reviersystem die Populationsgröße eines Raumes reguliert, könnte man einen Überschuß an fortpflanzungsfähigen Individuen erwarten, die als Populationsreserve wirken. Verliert ein Vogel den Partner, so kann er recht rasch einen neuen finden. Wird ein Territorium frei, nehmen es die revierlosen Vögel in Besitz. Schon BERGMAN (1956) stellte zur Brutzeit plötzlich im stabilen Reviersystem auftauchende Buchfinken-Männchen ohne Revier fest, die rasch wieder verschwanden. SAETHER & FONSTAD (1981) haben in Mittelnorwegen zu Beginn der Fortpflanzungszeit Anfang Mai die Weibchen aus 6 Territorien entfernt. 10 Minuten nach ihrem Verschwinden begannen die zugehörigen Männchen verstärkt zu singen. Eine halbe Stunde später fanden sich unverpaarte Weibchen ein. Alle sechs verwitweten Männchen verpaarten sich innerhalb von drei Tagen neu, und fünf der neuen Paare brüteten erfolgreich. Allerdings ist zu berücksichtigen, daß die Gründung der Reviere beim Buchfinken in Skandinavien zwar früh beginnt, aber verhältnismäßig lange Zeit bis weit in den Mai hinein dauert (MIKKONEN 1985).

Der Anteil der unverpaarten Männchen in der Population wird von BERGMAN (1956) auf 6 % geschätzt, von anderen Autoren (in BERGMAN 1956) auf etwa 17%. Möglicherweise sind dies vorwiegend die einjährigen Vögel. HANSKI et al. (1992) fanden unter 22 sendermarkierten Männchen in Finnland immerhin 6 (= 27 %), die nicht verpaart waren.

14.3 Siedlungsdichte: Wieviele Finken auf 10 ha?

In vielen baumbestandenen Lebensräumen ist der Buchfink die häufigste Brut-vogelart. Ein Beispiel: In einem isolierten Waldgebiet im Süden der schwedi-schen Ostseeinsel Öland war der Buchfink die dominante Art mit 59 Revieren vor Gartengrasmücke (*Sylvia borin*, 25 R.), Fitis (*Phylloscopus trochilus*, 22 R.), Gelbspötter (*Hippolais icterina*, 20 R.) und anderen Arten. Die Siedlungsdichte der Buchfinken betrug 33,1 Reviere/10 ha (FRITZ 1989).

Die Siedlungsdichte oder Abundanz der Population ergibt sich aus der pro Flächeneinheit (meist 10 ha) angetroffenen Anzahl von Individuen. Für den Buchfinken hat solche Daten in großer Zahl KRÄGENOW (1986) zusammengetra-gen. Eine neuere Übersicht findet man bei BEZZEL (1993). Für Mitteleuropa ergeben sich für Untersuchungsflächen zwischen 20 und 49 ha Mittelwerte der höchsten gefundenen Dichten von 21,1 Revieren pro 10 ha, bei Untersuchungs-flächen zwischen 50 und 99 ha ein Mittelwert von 10,6 Revieren pro 10 ha und bei Flächen größer als 100 ha eine mittlere Höchstdichte von 6,8 Revieren pro 10 ha. Die Unterschiede resultieren daraus, daß große Untersuchungsflächen im allgemeinen heterogen sind und nicht so viele Optimalbiotope enthalten. Daß hohe Siedlungsdichte mit großem Bruterfolg einhergeht, hat SCHREIBER (1989) in seinem Untersuchungsgebiet in einer nordwestdeutschen Kulturlandschaft ge-zeigt (Abb. 65). In günstigen Biotopen sind die Reviere klein (S. 73), d.h. die

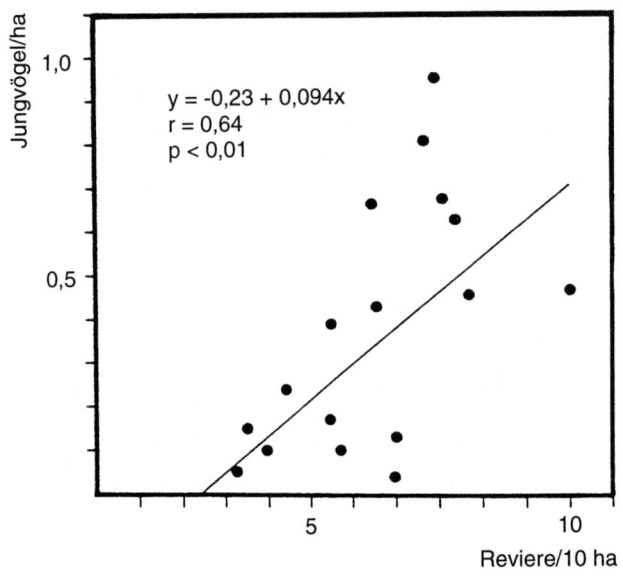

Abb. 65:
Beziehung zwischen Siedlungsdichte (Revie-re/10 ha) und Bruterfolg (ausgeflogene Jungvö-gel/ha) für 17 Teilflä-chen eines Untersu-chungsgebiets in einer nordwestdeutschen Kulturlandschaft.
Nach SCHREIBER (1989)

Siedlungsdichte kann hoch sein. Gleichzeitig ist hier die Chance groß, Junge aufzuziehen. Sicherlich sind die Ernährungslage und die Sicherheit der Brut gegenüber Feinden an unterschiedliche Requisiten im Revier gebunden.

14.3 Mortalität, Lebenserwartung und Natalität

Die Rückkehrraten markierter adulter Buchfinken in das vorjährige Brutterritorium beliefen sich für Finnland in verschiedenen Jahren auf Werte zwischen 26,2 und 47,2 %, im Durchschnitt auf knapp 40 % (MIKKONEN 1983). Für die Altvögel ergibt sich also, vollständige Brutortstreue vorausgesetzt, eine jährliche Mortalität von etwa 60 %.

Aus entsprechenden Feststellungen errechnete BERGMAN (1939, 1956) den erstaunlich hohen Wert von 2,7 Jahren für die **Lebenserwartung** von Altvögeln: Auf einem kleinen Schäreninselchen in Finnland, wo Buchfinken nur als Sommervögel auftreten, kehrten von 14 beringten Altvögeln im folgenden Jahr 10 zurück, von diesen im Folgejahr 7, von diesen im Folgejahr 3 und diese 3 dann ein Jahr später wieder. Aber für eine solche kleine Population können die Überlebensraten stark schwanken. Von 33 adulten, auf demselben Inselchen 1949 farbberingten Finken kehrten im Folgejahr 27 zurück (Lebenserwartung 5 Jahre!), von 36 Vögeln des Jahres 1950 aber nur 5 (Lebenserwartung 0,66 Jahre). Infolge Schlechtwetters wurde allerdings die Insel im Frühjahr 1951 weitgehend gemieden, so daß der geringe Wert auf verringerter Ortstreue und nicht unbedingt auf geringer Lebenserwartung beruht. Die Sterblichkeit der erstjährigen Vögel ist insgesamt erheblich höher als die der älteren.

Auch SCHREIBER (1989) hat das Überleben von Buchfinken von Jahr zu Jahr untersucht. Er kam zu folgenden Zahlen:

1. Jahr	2. Jahr	3. Jahr	4. Jahr	5. Jahr	6. Jahr
106	62	34	16	8	3

Da die hier berücksichtigten Vögel mindestens ein Alter von einem Jahr hatten, errechnet sich daraus ein mittleres Lebensalter von 2,66 Jahren. Daraus ergibt sich, daß jedem Brutvogel dieser Teilpopulation mindestens 2,16 Brutperioden zur Verfügung stehen, um Nachwuchs aufzuziehen. Für mehr als 1600 Wiederfänge auf der Kurischen Nehrung ermittelte DOLNIK (1982) eine imposante Alterspyramide (Abb. 66).

Nach Ringfundauswertungen errechnete DOBSON (1987) für die Britischen Inseln nach 357 Rückmeldungen für Männchen und 250 für Weibchen eine Überlebensrate von 0,63 (= 63 %) für die ersteren und einen fast identischen Wert von 0,65 für die zweiteren aus. Daraus ergibt sich eine Lebenserwartung von 2,71 Jahren für die Männchen und eine von 2,87 Jahren für die Weibchen -

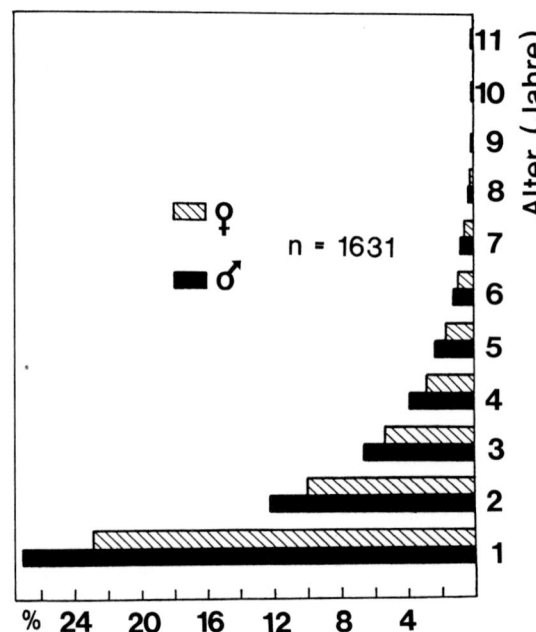

Abb. 66:
Alterspyramide einer Buchfinkenpopulation auf der Kurischen Nehrung. Daten für die
Brutzeit der Jahre 1958-1972
für Individuen, die als Nestlinge oder diesjährige beringt
worden waren. Anzahl der Individuen n = 1631. Man beachte, daß der Anteil der
Weibchen immer unter demje-
nigen der Männchen liegt.
Aus DOLNIK (1982).

eine hervorragende Über-
einstimmung mit den oben
genannten Werten von
BERGMAN und SCHREIBER.

Die Mortalität der Buch-
finken verteilt sich ungleich
auf das Jahr. Die höchsten
Todesraten findet man so-
wohl für die Männchen im
Zusammenhang mit der
Reviermarkierung als auch
für die Weibchen während
der Brutzeit (Abb. 67). Ab
August bis Jahresende sind
mindestens die Wieder-
fundraten, vielleicht auch
die wirklichen Verluste geringer. Dies gilt für die nicht-
ziehenden britischen Vö-
gel. Für skandinavische

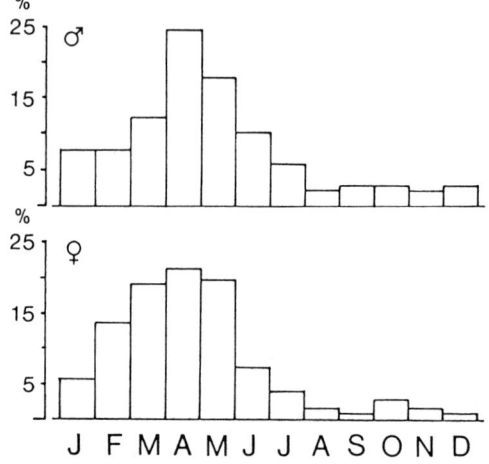

Abb. 67: Monatliche Verteilung der Wiederfunde adulter männlicher (oben) und weiblicher (unten) Buchfinken. Nach Ringfundauswertung des British Trust for
Ornithology von DOBSON (1987)

oder russische Zugvögel mag ein gewisses Maß an Mortalität durch die Wanderung und den Aufenthalt im fremden Überwinterungsgebiet hinzukommen, obwohl die Werte von BERGMAN das nicht belegen. DOBSON (1987) hat bei seiner Ringfundauswertung auch Todesursachen der Vögel mitgeteilt (Tab. 3).

Tab. 3: Todesursachen von Buchfinken nach Ringfundauswertung (DOBSON 1987) für England

	Männchen	Weibchen
tot gefunden	46,9 %	47,0 %
geschossen oder gefangen	2,4 %	1,4 %
angeflogen an KFZ oder Eisenbahn	21,6 %	20,4 %
angeflogen an Gebäude	0,5 %	1,9 %
angeflogen an Fenster	11,9 %	11,1 %
von Katze gegriffen	9,8 %	13,6 %

Es sei aber darauf aufmerksam gemacht, daß es sich bei dieser Aufzählung der Todesursachen um eine höchst einseitige Auswahl dessen handelt, was in der Population wirklich passiert. Beispielsweise sind natürliche Feinde wie Sperber (S. 109) hier überhaupt nicht aufgeführt, weil die Ringe gerupfter Vögel in der Regel nicht gefunden werden.

Nach BERGMAN (1956) brachten in dem Untersuchungsgebiet auf einer kleinen südfinnischen Schäreninsel insgesamt 173 erwachsene Buchfinken (einschließlich dreier unverpaarter Männchen) über die Jahre hin eine Anzahl von 56 Jungen hervor. Die jährliche Jungenproduktion bemaß sich durchschnittlich auf nur 32,4 % des Altvogelbestandes. Nur im Jahr 1950, als das ansässige Nebelkrähenpaar getötet worden war, lieferten 34 Altvögel insgesamt 53 flügge Junge (155,8 %).

15 Wanderungen: Die Weibchen ziehen zuerst

15.1 Zugvögel, Teilzieher, Standvögel

Im Norden und Osten ihres ausgedehnten Verbreitungsgebiets sind Buchfinken reine Zugvögel, im Süden und Westen sind sie weitgehend Standvögel, nur in Mitteleuropa können sie als Teilzieher angesehen werden, d.h. ein Teil der Population zieht ab, ein Teil bleibt am Brutplatz oder vagabundiert umher. Sogar noch in Südschweden versucht ein Teil der Brutvögel zu überwintern; sie bleiben bis in den Januar, flüchten aber bei harten Wintereinbrüchen und kehren termin-

Abb. 68: Flugbilder des Buchfinken in Seitenansicht. Aus SCHOLS (1987)

Abb. 69:
Prozentualer Anteil der Männchen in ziehenden Buchfinkentrupps während des Wegzugs in den südlichen Niederlanden. Die Ziffern an der Regressionsgeraden geben die Anzahl der nach Geschlecht bestimmten Individuen in den wöchentlichen Stichproben an. Aus SCHOLS (1987)

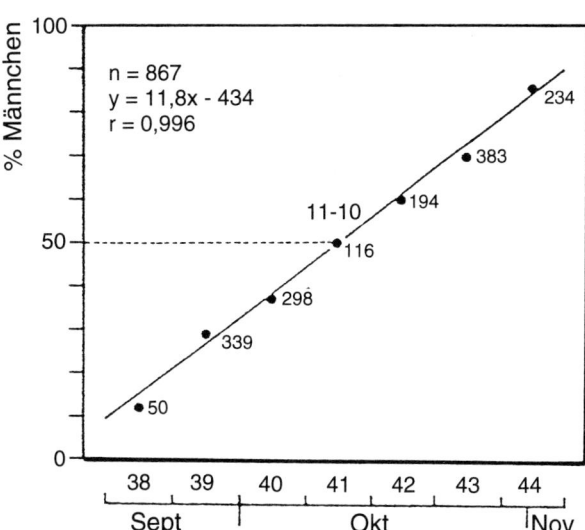

gerecht im Frühjahr zurück (ANVÉN & ENEMAR 1957). Eine noch geringere Überwinterungstendenz läßt sich in Finnland feststellen (RENDAHL 1968).

Buchfinken sind dafür bekannt, daß die Männchen mehr zum Überwintern neigen, während die Weibchen eher abziehen oder im Winter die milderen Lagen bevorzugen (S. 124). Die finnischen und die weiter östlich siedelnden Teilpopulationen wandern in einer Normalrichtung SW oder WSW im Breitfrontzug über Dänemark und die anderen Nordsee- und Atlantikländer, um in Mittel- oder Westeuropa bis Südeuropa zu überwintern (DEELDER 1949, BEZZEL 1993). Die Weibchen ziehen weiter und früher als die Männchen, beim Heimzug im Frühjahr kommen sie ein wenig später zurück (RENDAHL 1968). Nach Beobachtungen von SCHOLS (1987) zogen in den südlichen Niederlanden im Herbst die Weibchen etwa 5 Tage vor den Männchen durch (Mediandifferenz). Der Anteil der Männchen nahm im Laufe der Saison allmählich zu (Abb. 69). Der Hauptdurchzug erfolgte im Oktober. Flugbilder ziehender Buchfinken zeigt Abb. 68. Tagesrastsummen und Durchzugszählungen aus Westberlin hat WITT (1988) zusammengestellt (Abb. 70).

Die skandinavischen Brutvögel ziehen auf komplizierten Wegen zu den Britischen Inseln. In Irland überwiegen die Weibchen in der Winterpopulation. Wie erreichen die skandinavischen Buchfinken ihr Überwinterungsgebiet? Nur ein kleiner Teil wandert von Skandinavien aus direkt über die Nordsee nach Großbritannien. Die übrigen verlassen Norwegen in fast südlicher Richtung, sie wechseln in Dänemark nach SSW. Wenn die Vögel bei ihrer Wanderung auf die Nordsee stoßen, verdichten sich hier die Verbände und fliegen küstenparallel entlang der Küste als Stauleitlinie weiter. Sie haben inzwischen eine südwestli-

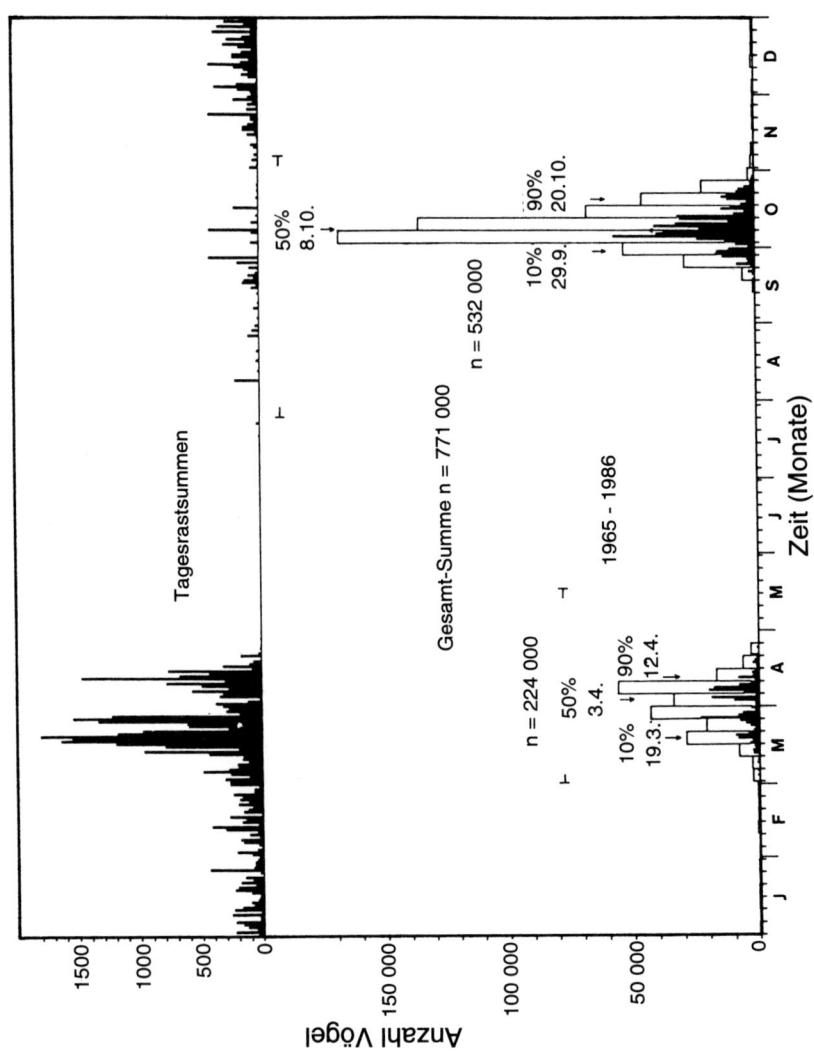

Abb. 70:
Jahresperiodisches
Auftreten von Buchfin-
ken in Berlin (West)
aus den Jahren 1965
bis 1986.
Oben: Tagesrastsum-
men.
Unten: Pentadensum-
men und Tagessum-
men (schwarz) des
Durchzugs.
Aus WITT (1988)

che Zugrichtung eingeschlagen. Sie können nun den Ärmelkanal an verschiedenen Stellen überfliegen und müssen sich dazu u.U. nach NW oder N wenden (Abb. 71). Von England muß ein Teil der Vögel, vor allem die Weibchen, in mehr nordwestlicher Richtung nach Irland hinüberfliegen. Das Ganze stellt einen sehr komplizierten Ablauf mit zahlreichen wohlorganisierten **Zugknicks** dar. Die Winkelbeträge dieser Zugknicks können sich zu mehr als 180 addieren (NEWTON 1972): Die Vögel ziehen von Skandinavien aus südwärts, gegen Ende ihrer Wanderung nordwärts bzw. danach noch einmal westwärts! PERDECK (1970) hat diesen Ablauf eingehend analysiert, aber zu seiner Zeit klugerweise keine Interpretation gewagt. Heute wissen wir, daß es bei Singvögeln endogene, weitgehend genetisch determinierte Zugprogramme gibt, die Zugrichtungen, Zugstrecken und auch Richtungsänderungen festlegen. Das ist vor allem für die Mönchsgrasmücke (*Sylvia atricapilla*) von P. BERTHOLD u. Mitarbeitern untersucht worden (Übersicht BERTHOLD 1991). Populationsgenetisch ist die Frage von Interesse, inwieweit die norwegischen und die finnischen Buchfinkenpopulationen mit ihrem unterschiedlichen Zugverhalten voneinander isoliert sind.

Die in Belgien (v. HECKE & VERSTUYFT 1973), Holland und England selbst brütenden Vögel überwintern dort auch. Man kann die nordischen Gäste an ihrem

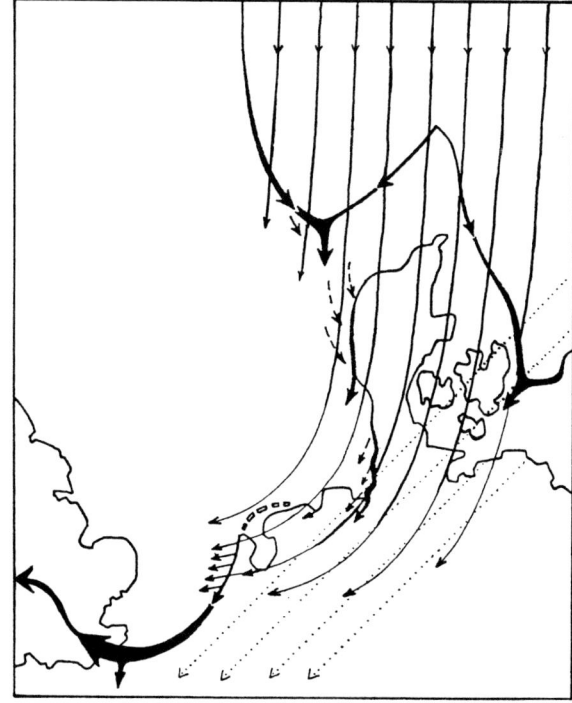

Abb. 71:
Übersicht über die herbstlichen Zugbewegungen von Buchfinken im Küstenbereich von Nord- und westlicher Ostsee.
Dünne durchgezogene Linien: Grundmuster der Standardzugrichtung von Skandinavien her; kräftige Pfeile: beobachtete Zugrichtungen; gestrichelte Pfeile: vermutete Zugwege; punktiert: unbeeinflußte Standard-Zugrichtung der finnischen und deutschen Populationen.
Nach PERDECK (1970), verändert

Sozialverhalten und anderen Eigenheiten von den ansässigen Finken gut unterscheiden (NEWTON 1972). Die mehr östlich siedelnden finnischen und baltischen Populationen ziehen in breiter Front Richtung SW und verteilen sich in einem großen Überwinterungsgebiet zwischen Deutschland und Spanien. In Belgien spielt sich der Hauptdurchzug zwischen dem 7. und 20. Oktober ab. Die frühen Durchzügler wandern mehr nach SW, die späteren dann westlich oder nordwestlich in Richtung der Britischen Inseln (v. HECKE & VERSTUYFT 1973).

Bei Rossitten auf der Kurischen Nehrung (heute GUS) ziehen Buchfinken in Massen durch. Sie bevorzugen klaren Himmel und leichten Rückenwind (DOLNIK & BLYUMENTHAL 1967). Doch spielen auch andere Faktoren wie z.b. der Ernährungszustand der Vögel eine wichtige Rolle. Hier geht der **Durchzug** oft in Wellen von durchschnittlich drei Tagen Dauer vor sich. Am ersten Tag einer solchen Welle ziehen vor allem sehr fette Vögel. Sie können dann bis zu 26 g wiegen, wovon 5 g Fett sind. Normalerweise haben sie aber eine Körpermasse von 23 g, mit 2 g Fettladung. Die fetten Vögel starten schon vor Sonnenaufgang, ohne vorher Nahrung aufzunehmen. Der Durchzug setzt sich dann nach einer Vormittagspause über den Tag hin fort. Am nächstfolgenden Tag erreicht er sein Maximum. Wieder sind morgens die fettesten Vögel unterwegs, später kommen solche mit weniger gutem Ernährungszustand. Diese haben, wie Magenanalysen zeigen, morgens schon Nahrung zu sich genommen. Im Laufe des Tages unterbrechen alle diese mageren Vögel den Zug, um wieder zu fressen. Am dritten Tag kommen fast nur noch magere Vögel. Sie unterbrechen häufig ihre Wanderung zur Nahrungsaufnahme. An den folgenden Tagen tritt eine Zugpause ein. Wenn die rastenden Vögel sehr hungrig sind, können sie 0,5 bis 1 g (etwa 5 % der Körpermasse) pro Tag zunehmen. Während einer Zugwelle legen sie an die 500 km zurück und verlieren dabei 2-3 g (DOLNIK & BLYUMENTHAL 1967). Zur Erklärung der Zugwellen muß man auch wissen, daß der sichtbare Durchzug der fetten Vögel auch solche Artgenossen aktiviert und mitreißt, die eigentlich noch nicht in der besten Zugverfassung sind. KOCH & DE BONT (1951) stellten bei Heimzüglern im Frühjahr in Belgien Gewichtszunahmen fest, die einen Vogel von etwa 20 auf fast 28 g Körpermasse bringen konnten.

Für die polnische Ostseeküste hat KANIA (1981) ebenfalls Durchzug in Wellen festgestellt. Nachdem die dort ansässigen Vögel schon abgezogen sind, folgen in Abständen alljährlich sechs Durchzugswellen. Der Hauptdurchzug erfolgt frühmorgens, ein zweites Maximum kann mittags auftreten.

15.2 Orientierung an der Windrichtung?

Bei Windstille oder ständig wechselnder Windrichtung ziehen Buchfinken nicht oder wenig. Sie bevorzugen es, gegen den Wind zu ziehen (VLEUGEL 1954, 1952).

Wenn sich die Windrichtung im Laufe des Tages allmählich ändert, dreht sich die Zugrichtung der Buchfinken derart mit, daß sie weiterhin ihre windbezogene Wanderrichtung einhalten. VLEUGEL (1952) hat daraus gefolgert, daß die Vögel sich morgens beim Aufbruch mit Hilfe des Sonnenkompaß orientieren, die Windrichtung danach bestimmen und sich im folgenden tagsüber an der Windrichtung orientieren. RABÖL (1967) meint, das Fliegen gegen den Wind diene vor allem der Kompensation der Windverdriftung.

15.3 Gegen den Trend: Umkehrzug

Buchfinken gehören zusammen mit Bergfinken und anderen Zugvögeln zu den Arten, bei denen herbstlicher Umkehrzug auftritt. Entgegen allen Erwartungen beobachtet man zuweilen, daß im Herbst die Vögel truppweise in Richtung Nordost wandern und nicht nach Südwest. V. HAARTMAN (1945) gibt dazu für einige Tage im September 1943 zur frühen Zugzeit in den Schären von Südwest-Finnland folgende Beschreibung: Die Buchfinken zogen truppweise morgens von etwa 5.30 bis 7.30 h nach Südwest. Danach kehrte sich die Zugrichtung um, und die (selben?) Vögel flogen massiert nach Ost-Nordost. Er bringt solche Zugumkehr mit einer durchziehenden Wetterfront in Zusammenhang. LINDSTRÖM & ALERSTAM (1986) haben in Südschweden festgestellt, daß das tageszeitliche Muster dieser Erscheinung vom normalen südwestwärts gerichteten Zug abweicht. Die in umgekehrter Richtung ziehenden Vögel erwiesen sich als magerer als die normal ziehenden, und Jungvögel schienen unter ihnen überproportional häufig vertreten zu sein. In den Zugpausen suchten sie besonders auf Rapsfeldern intensiv Nahrung. Möglicherweise hat der Umkehrzug wenigstens teilweise seinen besonderen Sinn darin, daß Individuen mit schlechter Zugkondition noch einmal in günstige Nahrungshabitate zurückkehren, bevor sie sich daran machen, Zugbarrieren wie die Ostsee zu überqueren.

Umkehrzug läßt sich wenigstens in Mitteleuropa auch im Frühjahr regelmäßig beobachten. Die Erscheinung tritt besonders dann in auffälliger Form auf, wenn eine atlantische Wetterfront mit Schnee oder Schneeregen von Westen her durchzieht. Die schon auf dem Weg nach Nordost befindlichen Buchfinken wandern dann vorübergehend in westlicher Richtung (v. WESTERNHAGEN 1953).

15.4 Wintertrupps: Geselligkeit im Winter

Wo sie in größeren Scharen außerhalb der Brutzeit auftreten - oft mit Bergfinken (EBER 1956, JENNI 1984) und anderen Arten vergesellschaftet - finden sich Buchfinken, wenigstens im Winter und zur Zeit des Heimzugs (WITT 1988), an Gemeinschaftsschlafplätzen ein, um hier die Nacht zu verbringen. In Holland wurde ein Winterschlafplatz in der Zeit von Dezember bis März genutzt (VLEUGEL 1941). Buchfinken können im Winter gemeinsam mit Bergfinken - besonders bei reicher Buchenmast - große Trupps bilden, die sich als endlose Bänder durch die Landschaft fortbewegen. Sie bevorzugen zu dieser Jahreszeit offenere Lebensräume als im Sommer (MARLER 1956a), doch sollte der Boden nicht schneebedeckt sein. Auf den Britischen Inseln lassen sich winters die heimischen Vögel an der geringeren Tendenz zur Gruppenbildung von den kontinentalen Gästen unterscheiden. Außerdem treten die Gäste bevorzugt in Männchen-, in Irland mehr in reinen Weibchentrupps auf (MARLER 1956a).

MARLER (1956a) hat auch darüber berichtet, in welchem Maß sich auf den Britischen Inseln im Winter andere Arten mit Buchfinken vergesellschaften. Er fand in abnehmender Häufigkeit die folgenden Arten beteiligt: Goldammer (*Emberiza citrinella*), Grünfink (*Carduelis chloris*), Hänfling (*Carduelis cannabina*), Bergfink, Stieglitz (*Carduelis carduelis*), Feldsperling, Feldlerche (*Alauda arvensis*), Kohlmeise, Blaumeise, Haussperling, Heckenbraunelle, Grauammer (*Emberiza calandra*) und Birkenzeisig (*Carduelis flammea*). Die erstgenannten vier Arten fliegen zuweilen integriert in den Buchfinkentrupps mit, während die anderen sich ihnen nur bei der Nahrungssuche zugesellen.

HOFFMANN (1903) berichtet über getrennte Wintertrupps aus Männchen und Weibchen im Kuratal zwischen Großem und Kleinem Kaukasus. Er fand die Trupps der empfindlicheren Weibchen in der tieferliegenden, wärmeren und geschützteren Kuraniederung, die der Männchen in den vorgelagerten etwas raueren Steppengebieten.

In der Schweiz zählt man im Winter mehr Männchen als Weibchen, doch in den einzelnen Regionen ist die Relation unterschiedlich. In den milderen Tallagen ist der Anteil der Weibchen größer (MARFURT 1971). Nach Angaben, die SCHIFFERLI (1963) zusammengestellt hat, nimmt der Männchenanteil in den winterlichen Buchfinken-Beständen von Mitteleuropa (71 - 84 %) in Richtung SW bis nach Südfrankreich recht gleichmäßig auf wenig über 40 % ab.

Bei sehr ungünstigen Witterungsverhältnissen, die u.U. die Fortpflanzung verhindern, können sich Buchfinken schon während der Brutzeit wieder zusammenscharen, wie MAIRY (1969) 1968 im belgischen Hohen Venn beobachtete.

16 Die Mauser: Federwechsel mit System

16.1 Vollmauser zwischen Brut und Zug

Anders als viele andere Singvögel, die pro Jahr zweimal mausern, also eine Vollmauser und eine Teilmauser ablegen, tun dies adulte Buchfinken anscheinend in der Regel nur einmal, und zwar im Spätsommer nach Ende der Brutzeit. Sie legen dann ein vollständig neues Federkleid an. Dieser Vorgang wird in der Regel beendet, bevor sie zum herbstlichen Wegzug aufbrechen. Allerdings hängt dies davon ab, wieweit im Norden sie gebrütet haben. Individuen, die in Rußland auf einer geographischen Breite von nur etwa 55°N brüten, nehmen sich nach dem Ende der Mauser normalerweise ein paar Tage Zeit, bevor sie mit der physiologischen Zugvorbereitung beginnen. Die weiter nördlich auf einer Breite von 60° brütenden Vögel lagern schon Fett ab, bevor ihre Mauser ganz zu Ende ist. Noch weiter nordwärts, bei 62 °N, leben Buchfinken, die mit dem Abzug schon beginnen, bevor die Mauser ganz abgeschlossen ist (DOLNIK & BLYUMENTHAL 1967).

Die breiten blaßbräunlichen Säume, die die Kopfzeichnung des Männchens anfänglich nach der Mauser noch verdecken und unscheinbar machen (Abb. 55), nützen sich vor allem in den Monaten Oktober und November und dann noch einmal im April und Mai mechanisch ab, so daß im Frühjahr das kräftige Blau am Kopf kontrastreich zutage tritt (NAUMANN-HENNICKE 1905). Dabei verlieren die Federn in den genannten Monaten bis zu 7 % ihrer Länge, sonst nur 1 % pro Monat (SOKOLOWSKI in NEWTON 1972). Ähnlich erfolgt der Wechsel vom Ruhe- ins Brutkleid beim Bergfink, beim Hänfling (*Carduelis cannabina*) und beim Haussperling (*Passer domesticus*) (STRESEMANN 1927-34).

Kein einziger Vogel verliert unter natürlichen Bedingungen alle Federn gleichzeitig, so daß er nackt dasteht. Fast alle Singvögel organisieren ihre Vollmauser so, daß ihre Flugfähigkeit und die anderen Funktionen des Federkleids mehr oder weniger erhalten bleiben. Allerdings nehmen sie Mauserlücken im Flügel in Kauf. Die Größe der Mauserlücken hängt davon ab, wieviel Zeit sie sich für die Erneuerung des Großgefieders nehmen können, aber sicher auch von der Ernährung und den erforderlichen Flugeigenschaften.

Die **Vollmauser** des Buchfinken beginnt in Mitteleuropa Ende Juli. Bei 15 im Naturtag gehaltenen Käfigvögeln begann sie zwischen 3. Juli und 13. August (BERGMANN, unveröff.). Für die Kurische Nehrung geben DOLNIK & GAVRILOV (1979) einen Zeitraum von der dritten Juniwoche bis Ende September an. Ein männlicher einjähriger Käfigvogel in Osnabrück, der nicht gebrütet hatte, begann am 30.7. mit dem Abwurf der beiden innersten Handschwingen (Hs.) und einiger Schwanzdecken. An diesem Tag hat er noch gesungen. Im Folgejahr begann er mit der Handflügelmauser schon am 20.7., sang zu diesem Zeitpunkt aber noch intensiv. Erst als er am 3.8. die 4. Handschwinge abwarf, war sein Gesang auf wenige unvollständige Strophen reduziert, doch brachte er auch noch eine Regenrufserie. Die letzten, sehr unsicheren Regenrufe hörte ich am 11.8., als er die 5. Handschwinge, die erste Armschwinge (As.) und zugleich die beiden innersten Steuerfederpaare abwarf (BERGMANN, unveröff.).

Ein tot gefundenes Männchen hatte Ende Juli eine Mauserlücke, die die 3 innersten Handschwingen umfaßte. Das übrige Großgefieder war noch unvermausert. Ein etwas weiter fortgeschrittenes Individuum aus dem gleichen Zeitraum wies eine Mauserlücke in der Handmitte auf (5.Hs. fast fertig, 6. eben aufgebrochen, Rest alt). Gleichzeitig war die äußerste (1.) Armschwinge halb fertig, die zweite fehlte. Auch die beiden innersten Armschwingen (8,9) waren in Erneuerung. Zu dieser Zeit sind also drei Mauserzentren im Flügel tätig. Ein etwas weiter fortgeschrittenes Mauserbild ist in Abb. 72 dargestellt. Aus diesen

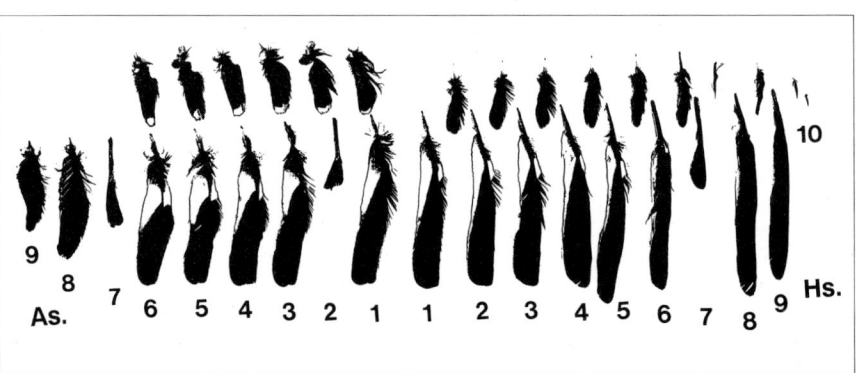

Abb. 72: Mauserbild des Flügels eines Buchfinkenweibchens (5.September 1974, Korsika, tot auf Straße). Handschwingen (Hs.) 1-5 sind neu, 6 mit Blutkiel, 7 kurz, Rest alt. Armschwingen (As.): 1 ist neu, 2 eben aufgebrochen, 3-6 alt, 7 halb (die äußerste Schirmfeder), Rest neu. Drei Mauserlücken à je eine Feder. Als nächstes fallen Hs. 8 und As. 3. Die Großen Oberen Decken in Arm und Hand sind schon erneuert. Original

und weiteren Einzelbefunden läßt sich ableiten: Die Handschwingen werden deszendent erneuert. Die Mauserlücke im Handflügel umfaßt maximal drei, später zwei Handschwingen oder nur eine. Die Armschwingen 1-6 werden aszendent erneuert. Die Armschwingenlücke von 1-2 Armschwingen bildet sich dann, wenn die Handschwingen schon zur Hälfte erneuert sind (eigene Befunde). Die Schirmfedern (As. 7-9) werden davon unabhängig gegen Ende der Handschwingenmauser und während der Mauser der übrigen Armschwingen geschoben. As. 8 wird zuerst, 9 als zweite, 7 als dritte gewechselt. Ein Männchen vom 27.9. hatte die 9. Hs. beinahe fertig, auch die Schirmfedern waren neu, nur die As. 5 und 6 waren noch in Erneuerung.

Die Mauser der Steuerfedern verläuft im Prinzip deszendent (von innen nach außen). Sie beginnt später und endet früher als die Flügelmauser. Zwischen dem Ausfall zweier benachbarter Steuerfedern liegen bei regulärem Ablauf einige Tage.

Altvögel benötigen für den Start ihrer Vollmauser eine Tageslänge von mindestens 12 Stunden (NOSKOV 1977). Nichtsdestoweniger wird die Mauser durch ein endogenes circannuales Programm gesteuert (DOLNIK & GAVRILOV 1980). Der Energieverbrauch steigt während der ersten intensivsten Mauserphase an, sinkt nach Mauserende aber unter den Ausgangswert. Kostet die Vollmauser einen Altvogel insgesamt einen Energieaufwand von etwa 240 kcal, so ist die Teilmauser der Jungvögel mit 147 kcal weniger aufwendig. Körpergewicht und Wassergehalt des Körpers sinken nur anfänglich während der Mauser ab. Speicherfett und Glykogen werden in der Regel erst nach Mauserende wieder angesammelt (DOLNIK & GAVRILOV 1979).

Die Vollmauser eines Buchfinken vom Ausfall der 1. Hs. bis zum Ausfall der 9. Hs. bzw. der 6. As. nahm nach 15 Protokollen von Käfigvögeln ingesamt etwa 9 Wochen (63 ± 16 Tage) in Anspruch. Die Werte schwankten zwischen 40 und 113 Tagen (BERGMANN, unveröff.). Es ist bekannt, daß bei Käfigvögeln Unregelmäßigkeiten auftreten können.

16.2 Jugendmauser: Teilmauser für Anfänger

Junge Buchfinken legen schon als Nestlinge ihr erstes vollständiges Federkleid an, das Jugendkleid. Sehr bald danach beginnen sie mit einer Teilmauser, von der das Großgefieder nicht betroffen ist. Auch die Großen Oberen Handdecken, die Alulafedern und einige der äußeren Großen Armdecken bleiben zuweilen unvermausert, was zu einer sichtbaren Mausergrenze führt. Man kann die Jungvögel an diesen unvermauserten Partien noch bis zur ersten Vollmauser im folgenden Jahr erkennen. Beginn und Dauer dieser Jugendmauser hängen nach NOSKOV (1977) und DOLNIK & GAVRILOV (1980) von der Tageslänge ab. Im Kurztag beginnt sie früher und verläuft schneller als im Langtag. BÄHRMANN (1932) hat darauf aufmerksam gemacht, daß die jungen Buchfinken sich im Frühling ihres zweiten Kalenderjahres noch einer unauffälligen Teilmauser unterziehen können. Dabei werden Federn an der Kehle, dem Kinn und am Nacken, also im Kopfbereich erneuert. Die jungen Männchen dürften damit dem Prachtkleid der Altvögel näherkommen. Inwieweit dabei allerdings noch bräunliche Säume entstehen, die erst wieder abgenützt werden müssen, ist nicht bekannt.

Literaturverzeichnis

ANVÉN, B. & A. ENEMAR (1957): Om ortstrohet och medellivslängd hos bofink (*Fringilla coelebs*), nagra resultat av en undersökning med hjälp av färgringmärkning. Var Fagelvärld 16: 161-177

ASCHOFF, J. (1966): Circadian activity rhythms in Chaffinches (*Fringilla coelebs*) under constant conditions. Jap. J. Physiol. 16: 363-370

ASCHOFF, J., I. DIEHL, U. GERECKE & R. WEVER (1962): Aktivitätsperiodik von Buchfinken unter konstanten Bedingungen. Z. vergl. Physiol. 45: 605-617

ASCHOFF, J. & R. WEVER (1962): Beginn und Ende der täglichen Aktivität freilebender Vögel. J. Orn. 103: 2-27

BÄHRMANN, U. (1932): Bemerkungen zur Mauser des Buchfinken, *Fringilla coelebs* L. Mitt. Ver. Sächs. Orn. 3: 251-252

BAKER, A.J. (1992): Genetic and morphometric divergence in ancestral European and descendent New-Zealand populations of Chaffinches (*Fringilla coelebs*). Evolution 46: 1784-1800

BAKER, A.J. & P.F.JENKINS (1987): Founder effect and cultural evolution of songs in an isolated population of chaffinches, *Fringilla coelebs*, in the Chatham Islands. Anim. Behav. 35: 1793-1803

BAPTISTA, L.F. (1988): Dialectal variation in the raincall of the Chaffinch (*Fringilla coelebs*). Vogelwarte 35: 249-256

BARRETT, J.H. (1947): Some Notes on the Breeding Habits of the Chaffinch. Ibis 89: 439-450

BEAUFORT, L.F. & L. TINBERGEN (1946): Vogeltrekstation Texel. Jaarverslag over 1946. Eigenverlag

BERGMAN, G. (1939): Über die Ortstreue der Buchfinken (*Fringilla c.coelebs* L.) auf einem Schäreninselchen. Orn. Fenn. 16: 95-98

BERGMAN, G. (1953): Über das Revierbesetzen und die Balz des Buchfinken, *Fringilla coelebs* L. Acta Soc. Fauna Flora Fenn. 69: 1-15

BERGMAN, G. (1956): Zur Populationsdynamik des Buchfinken, *Fringilla coelebs*. Orn. Fenn. 33: 61-71

BERGMANN, H.-H. (1984): Auch Buchfinken haben Dialekte. Naturmagazin draußen. Dümmer und Wiehengebirge. Hamburg: 84-91

BERGMANN, H.-H. (1987): Biologie des Vogels. Aula, Wiesbaden

BERGMANN, H.-H. & H.DÜTTMANN (1985): Gesangsverhalten an der Reviergrenze beim Buchfinken (*Fringilla coelebs*). J.Orn. 126: 310-312

BERGMANN, H.-H., S.FABREWITZ, B.GRAUPNER, K. HINRICHS & H. ZUCCHI (1982): Ein Tag im Leben eines Buchfinken - zugleich ein biologiedidaktisches Experiment. Math.-Naturw. Unterr. 35: 172-181

BERGMANN, H.-H. & M. GANSO (1965): Zur Biologie des Sperlingskauzes (*Glaucidium passerinum* (L)). J. Orn. 106: 255-284

BERGMANN, H.-H. & H.-W.HELB (1980): Vogelstimmen schwarz auf Weiß: Bioakustik auf der Spur der Buchfinken. Welt der Tiere 7: 13-16

130   Literatur

BERGMANN, H.-H. & H.-W.HELB (1981): Vogelstimmen Schwarz auf Weiß. VI Mischsänger - eine bioakustische Sensation. Welt der Tiere 8: 17-20

BERGMANN, H.-H. & H.-W.HELB (1982): Stimmen der Vögel Europas. BLV München

BERGMANN, H.-H. & H.-W.HELB (1983a): Vogelstimmen Schwarz auf Weiß: IX. Finkenwettstreit im Harz. Tier- und Naturfotografie 14: 9-11

BERGMANN, H.-H. & H.-W. HELB (1983b): Vogelstimmen schwarz auf Weiß: X. Die Vogeluhr. Tier- und Naturfotografie 14: 16-18

BERGMANN, H.-H., A. ROY & H. SCHRÖDER (1988): Der Teydefink, Fringilla teydea. Gef. Welt 112: 280-284

BERNDT, R. (1940): Eine Begattung beim Buchfink. Beitr. Fortpfl.biol. Vögel 16: 148-149

BERTHOLD, P. (1969): Über Populationsunterschiede im Gonadenzyklus europäischer Sturnus vulgaris, Fringilla coelebs, Erithacus rubecula und Phylloscopus collybita und deren Ursachen. Zool. Jb. Syst. 96: 491-557

BERTHOLD, P. (1976): Animalische und vegetabilische Ernährung omnivorer Singvogelarten: Nahrungsbevorzugung, Jahresperiodik der Nahrungswahl, physiologische und ökologische Bedeutung. J.Orn. 117: 145-209

BERTHOLD, P. (1988): Unruhe-Aktivität bei Vögeln: eine Übersicht. Vogelwarte 34: 249-259

BERTHOLD, P. (Hrsg. 1991): Orientation in Birds. Birkhäuser, Basel

BEVERIDGE, F.M. & J.M.DEAG (1987): The effects of sex, temperature and companions on looking-up and feeding in single and mixed species flocks of House sparrows (Passer domesticus), Chaffinches (Fringilla coelebs), and Starlings (Sturnus vulgaris). Behaviour 100: 303-320

BEZZEL, E. (1988): Die Gesangszeiten des Buchfinken (Fringilla coelebs): Eine Regionalstudie. J. Orn 129: 71-81

BEZZEL, E. (1993): Kompendium der Vögel Mitteleuropas. Passeres. Singvögel. Wiesbaden

BRÉMOND, J.-C. (1972): Comparaison entre l'apprentissage du chant chez le jeune Pinson (Fringilla coelebs) et les éléments réactogènes du chant territorial de l'adulte. Rev. Comp. Anim. 6: 191-195

BROWN, J.L. (1964): The evolution of diversity in avian territorial system. Wils. Bull. 76: 160-169

BUCHHOLTZ, C. (1973): Das Lernen bei Tieren. Stuttgart

CHRISTEN, W. (1988): Mischgesang eines Buchfinken. Vögel der Heimat 59: 19

CONRADS, K. (1966): Der Egge-Dialekt des Buchfinken (Fringilla coelebs) - Ein Beitrag zur geographischen Gesangsvariation. Vogelwelt 87: 176-182

CONRADS, K. (1977): Entwicklung einer Kombinationsstrophe des Buchfinken (Fringilla c.coelebs L.) aus einer Grünlingsimitation und arteigenen Elementen im Freiland. Ber. Naturw. Ver. Bielefeld 23: 91-101

CONRADS, K. (1979): Strophentypen des Buchfinken (Fringilla c. coelebs L.) auf einer Probefläche der Senne (Ostmünsterland). Ber. Naturw. Ver. Bielefeld 24: 93-114

CONRADS, K.(1982): Imitieren Buchfinken (Fringilla coelebs) auf Bornholm den Alarmruf des Sprossers (Luscinia luscinia)? J. Orn. 123: 100-105

CONRADS, K. (1986): Stabilität und Veränderungen eines Gesangsdialektes des Buchfinken (Fringilla coelebs) im Zeitraum von 1964/66 bis 1982/83 in Ostwestfalen. Ber. Naturw. Ver. Bielefeld 28: 191-212

CONRADS, K. (1988): Veränderungen eines Gesangsdialektes des Buchfinken (Fringilla coelebs) aus dem Oberharz in 21 Jahren. Beitr. Naturk. Niedersachsens 41: 105-114

DAAN, S. (1976): Light intensity and the timing of daily activity of Finches (Fringillidae). Ibis 118: 223-236

DAWSON, S.M. & P.F.JENKINS (1983): Chaffinch song repertoires and the Beau Geste Hypothesis. Behaviour 87: 256-269

DEELDER, C.L. (1949): On the autumn migration of the Scandinavian Chaffinch (*Fringilla c.coelebs* L.). Diss. Leiden, Ardea 37: 1-88

DEELDER, C.L. & L. TINBERGEN (1947): Waarnemingen over de vlieghoogte van trekkende Vinken, *Fringilla coelebs* L. en Spreeuwen, *Sturnus vulgaris* L. Ardea 35: 45-78

DESFAYES, M. (1951): Notes sur le ,,cri de rut" du Pinson en Valais. Nos Oiseaux 21: 31-34

DETERT, H. & H.-H. BERGMANN (1984): Regenrufdialekte von Buchfinken (*Fringilla coelebs* L.): Untersuchungen an einer Population von Mischrufern. Ökol. Vögel 6: 101-118

DOBSON, A.P. (1987): A comparison of seasonal and annual mortality for both sexes of fifteen species of common British birds. Orn. Scand. 18: 122-128

DOLNIK, V.R. (1982): Population ecology of the Chaffinch (*Fringilla coelebs*). Trudy AN SSSR 90, Nauka, Leningrad (russ.)

DOLNIK, V.R. & T.I. BLYUMENTHAL (1967): Autumnal premigratory and migratory periods in the Chaffinch (*Fringilla coelebs coelebs*) and some other temperate-zone passerine birds. Condor 69: 435-468

DOLNIK, V.R. & V.M. GAVRILOV (1979): Bioenergetics of molt in the Chaffinch (*Fringilla coelebs*). Auk 96: 253-264

DOLNIK, V.R. & V.M. GAVRILOV (1980): Photoperiodic control of the molt cycle in the Chaffinch (*Fringilla coelebs*). Auk 97: 50-62

EBENMAN, B. & S.G. NILSSON (1982): Components of niche width in a territorial bird species: habitat utilization in males and females of the Chaffinch (*Fringilla coelebs*) on islands and mainland. Amer. Natur. 119: 331-344

EBER, G. (1956): Vergleichende Untersuchungen über die Ernährung einiger Finkenvögel. Biol. Abh. 13/14: 1-60

ECK, S. (1975): Evolutive Radiation in der Gattung *Fringilla* L. - eine vergleichend-morphologische Untersuchung (Aves, Fringillidae). Zool. Abh. Staatl. Mus. Tierkde. Dresden 33: 277-302

EIFLER, G. (1990): Buch- und Bergfink in der Oberlausitz. Abh. Ber. Naturk. Mus. Görlitz 64: 1-4

ENOKSSON, B., & S.G. NILSSON (1983): Territory size and population density in relation to food supply in the Nuthatch, *Sitta europaea*. J. Anim. Ecol. 52: 927-935

FALCONER, D.S. (1941): Observations on the singing of the Chaffinch. Brit. Birds 35: 98-104

FLEUSTER, W. (1973): Versuche zur Reaktion freilebender Vögel auf Klangattrappen verschiedener Buchfinkenalarme. J. Orn. 114: 417-428

FOUARGE, J. (1974): Strophes imitatrices chez la Fauvette à tête noire (*Sylvia atricapilla*) et le Pinson des arbres (*Fringilla coelebs*). Aves 11: 127

FRASER ROWELL, C.H. (1961): Displacement grooming in the Chaffinch. Anim. Behav. 9: 38-63

FREUDE, M. (1979): Zum Problem atypisch singender Buchfinken. Falke 26: 347-350

FREUDE, M. (1983): Zur Entstehung und Bedeutung von Gesangsvariabilität bei Singvögeln: Beispiel Buchfink. Falke 30: 263-271

FRITZ, Ö. (1989): Albrunna lunds häckfagelfauna 1988. Calidris 18: 143-164

GATTER, W. (1976): Feldkennzeichen ziehender Passeres. Vogelwelt 97: 201-217

GESNER, C. (1669): Vollkommenes Vogelbuch. Serlin, Frankfurt. Neudr. Schlüter, Hannover 1981

GEYR VON SCHWEPPENBURG, H. Frhr.(1942): Nistbegleitung bei *Fringilla coelebs*? Beitr. Fortpflbiol. Vögel 18: 169

GLAS, P.(1960): Factors governing density in the Chaffinch (*Fringilla coelebs*) in different types of wood. Arch. néerl. Zool. 13: 466-472

GLÜCK, E. (1979): Abhängigkeit des Bruterfolgs von der Lichtmenge am Neststandort. J. Orn. 120: 215-220

GLÜCK, E. (1981): Beleuchtungsstärke der Neststandorte bei einigen Finken (Fringillidae) und beim Grauschnäpper *Muscicapa striata*. Anz. orn. Ges. Bayern 20: 35-44

GLÜCK, E. (1983): Nistökologische Sonderung mitteleuropäischer Fringillidenarten im Biotop Streuobstwiese. J. Orn. 124: 369-392

GLÜCK, E. & K.GÖTZ (1985): Abhängigkeit der Reviergröße beim Buchfinken (*Fringilla coelebs* L.) von der Habitatstruktur. Orn. Jh. Bad.-Württ. 1: 91-96

GLUTZ VON BLOTZHEIM, U.N. & K.M. BAUER (Hrsg.) (1988): Handbuch der Vögel Mitteleuropas. Bd. 11, Wiesbaden

GOODFELLOW, D.J. & P.J.B. SLATER (1986): A model of bird song dialect. Anim. Behav. 34: 1579-1580

GOODFELLOW, D.J. & P.J.B. SLATER (1990): Can Chaffinches change song from year to year? Bioacoustics 2: 249-251

GRANT, P.R. (1979): Evolution of the chaffinch, *Fringilla coelebs*, on the Atlantic Islands. Biol. J. Linn. Soc. 11: 301-332

GRANT, P.R. (1980): Colonization of Atlantic islands by chaffinches (*Fringilla* spp.). Bonn. zool. Beitr. 31: 311-317

GROEBBELS, F. (1957): Schlag und Regenruf des Buchfinken in Beziehung zu Jahreszeit und Wetter. Anz. Orn. Ges. Bayern 4: 567-570

GRUYS-CASIMIR, E.M. (1965): On the influence of environmental factors on the autumn migration of Chaffinch and Starling: a field study. Arch. Néerl. Zool. 16: 175-279

HAARTMAN, L. v. (1945): Umschlagende Zugrichtung beim Buchfinken, *Fringilla c. coelebs* L., im Herbst. Orn. Fenn. 22: 10-16

HAARTMAN, L.v. (1952): Über den Einfluß der Temperatur auf den morgendlichen Gesangsbeginn des Buchfinken, *Fringilla coelebs* L. Orn. Fenn. 29: 73-76

HAARTMAN, L.v. & M.v. NUMERS (1992): Rain call dialects of the Chaffinch *Fringilla coelebs* in the archipelago of SW Finland. Orn. Fenn. 69: 65-71

HAENSEL, J. (1967): Statistische Untersuchungen an Buchfinken (*Fringilla coelebs*), Bergfinken (*Fringilla montifringilla*) und Feldlerchen (*Alauda arvensis*). Beitr. Vogelk. 13: 1-28

HAGEN, W. (1918): *Fringilla coelebs* L. als Herbstsänger. Orn. Monatsber. 26: 89-92

HALL-CRAGGS, J. (1977): Head-scratching by a one-legged Chaffinch. Condor 79: 127-128

HANSEN, P. (1981): Song organization in a chaffinch (*Fringilla coelebs*). Natura Jutlandica 19: 107-120

HANSKI, I.K. (1992): Territorial behaviour and mixed reproductive strategy in the Chaffinch. Orn. Scand 23: 475-482

HANSKI, I. K. (1993): Territorial behaviour and breeding strategies in the Chaffinch *Fringilla coelebs*. Diss. Helsinki

HANSKI, I.K. & Y. HAILA (1988): Singing territories and home ranges of breeding Chaffinches: visual observation vs. radio-tracking. Orn. Fenn. 65: 97-103

HANSKI, I.K., Y. HAILA & A. LAURILA (1992): Variation in territorial behaviour and breeding fates among male Chaffinches. Orn. Fenn. 69: 72-81

HANSKI, I.K. & A. LAURILA (1993a): High nest predation rate in the Chaffinch. Orn. Fennica 70: 65-70

HANSKI, I.K. & A. LAURILA (1993b): Variation in song rate during the breeding cycle of the Chaffinch, *Fringilla coelebs*. Ethology 93: 161-169

HANSKI, I.K. & A. LAURILA (i. Dr.): Male chaffinches do not enlarge their territories to prevent cuckoldry. Anim. Behav.

HARMS, W. (1980): Geschlechterverhältnis und Alter in Hamburg überwinternder Buchfinken (*Fringilla coelebs*). Hamb. Avifaun. Beitr. 18: 266-269

HECKE, P.v. & S. VERSTUYFT (1973): Chaffinches, *Fringilla coelebs* L., on autumn passage through Belgium. Gerfaut 62: 245-272

HEINROTH, O. & M. (1927): Die Vögel Mitteleuropas Bd. 1. Berlin-Lichterfelde. Neudruck Gießen 1966

HELB, H.-W., H.-H. BERGMANN & J. MARTENS (1982): Acoustic difference between populations of western and eastern Bonelli's Warblers (*Phylloscopus bonelli*, Sylviidae). Experientia 38: 356-357

HELB, H.-W., F. DOWSETT-LEMAIRE, H.-H. BERGMANN & K. CONRADS (1985): Mixed Singing in European Songbirds - a Review. Z. Tierpsychol. 69: 27-41

HELBIG, L. (1962): Abnormer Gesang eines Buchfinken (*Fringilla coelebs*). Vogelwelt 83: 156-157

HENDY, E.W. (1939): Same pair of Chaffinches mating three times. Brit. Birds. 33: 162

HEYMANN, J. & H.-H. BERGMANN (1988): Incomplete song strophes in the Chaffinch *Fringilla coelebs* L.: General influences on a specific behavioural output. Bioacoustics 1: 35-30

HINDE, R.A. (1953): The conflict between drives in the courtship and copulation of the chaffinch. Behaviour 5: 1-31

HINDE, R.A. (1954): Factors governing the strength of a partially inborn response, as shown by the mobbing behaviour of the chaffinch (*Fringilla coelebs*). II The waning of the response. Proc. Roy Soc. (Lond.) B 142: 331-358

HINDE, R.A. (1958): Alternative motor patterns in chaffinch song. Anim. Behav. 6: 211-218

HOFFMANN, E. (1903): Über den Winteraufenthalt von *Fringilla coelebs* im Kuratal. Orn. Mber. 11: 70-71

HUTH, E. (1951): ,,Einemsen" beim Buchfinken. J.Orn. 93: 62-63

IMMELMANN, K. (1982): Wörterbuch der Verhaltensforschung. Berlin

INCE, S.A., P.J.B.SLATER & C.WEISMANN (1980): Changes with time in the songs of a population of chaffinches. Condor 82: 285-290

JAKOBS, B. (1962): Vom Rülschen moselländischer Buchfinken (*Fringilla coelebs* L.). Orn. Mitt. 14: 130-132

JENKINS, P.F. & A.J. BAKER (1984): Mechanisms of song differentiation in introduced populations of Chaffinches *Fringilla coelebs* in New Zealand. Ibis 126: 510-524

JENNI, L. (1984): Die Bedeutung der Masseneinflüge und Massenschlafplätze in der Winterökologie des Bergfinken, *Fringilla montifringilla*. Diss. Basel

KÄLLANDER, H. (1982): Bofinkar äter husmaskar. Var Fagelvärld 41: 268

KANIA, W. (1981): The autumn migration of the chaffinch *Fringilla coelebs* over the Baltic coast in Poland. Acta Orn. 18: 375-418

KEAR, H. (1962): Food selection in finches with special reference to interspecific differences. Proc. zool. Soc. Lond. 138: 163-204

KEMME, A.(1983): Untersuchungen über den Aktionsraum sowie die tageszeitliche und jahreszeitliche Aktivität des Buchfinken (*Fringilla coelebs*). Staatsexamensarbeit Hannover

KLING, J.W. & J. STEVENSON-HINDE (1977): Development of song and reinforcing effects of song in female chaffinches. Anim. Behav. 25: 215-220

KNAB, N. (1992): Dialektgrenzen beim Regenruf des Buchfinken (*Fringilla coelebs*). Diplomarbeit Osnabrück

KNECHT, S. & U. SCHEER (1968): Lautäußerungen und Verhalten des Azoren-Buchfinken (*Fringilla coelebs moreletti* Pucheran). Z. Tierpsychol. 25: 155-169

KNOLLE, F. (1980): Mensch und Vogel im Harz. Clausthal-Zellerfeld

KNOLLE, F. (1989): Über die Finkenliebhaberei. Gef. Welt 113: 142-144, 169-172, 211-214

KOCH, H.J. & A.F. DE BONT (1951): Standard metabolic rate, weight changes and food consumption of *Fringilla c. coelebs* L., during sexual maturation. Ann. Soc. Roy. Zool. Belg.82: 143-154

Köpke, G. (1977): Abnormer Gesang eines Buchfinken (*Fringilla coelebs*). Orn. Mitt. 29: 15-16

Krägenow, P. (1986): Der Buchfink. Neue Brehm-Bücherei 527. Ziemsen, Wittenberg Lutherstadt, 2.Aufl.

Krebs, J.R. (1977): The significance of song repertoires: the Beau Geste hypothesis. Anim. Behav. 25: 475-478

Krebs, J.R. & N.B. Davies (1984): Einführung in die Verhaltensökologie. Stuttgart

Kroodsma, D. (1984): Songs of the Alder Flycatcher (*Empidonax traillii*) are innate. Auk 101: 13-24

Lack, D. (1941): Notes on territory, fighting and display in the chaffinch. Brit. Birds 34: 216-219

Lemke, E. (1938): Der Buchfink. Gef. Welt 67: 42-45, 235-237, 261-264, 273-276, 440-443, 489-490, 570-573, 557-559, 608-611

Lindström, A. (1989): Finch flock size and risk of hawk predation at a migratory stopover site. Auk 106: 225-232

Lindström, A. & Th. Alerstam (1986): The adaptive significance of reoriented migration of chaffinches *Fringilla coelebs* and bramblings *F. montifringilla* during autumn in southern Sweden. Behav. Ecol. Sociobiol. 19: 417-424

Lindström, A. & J.-A.Nilsson (1988): Birds doing it the octopus way: fright moulting and distraction of predators. Orn. Scand 19: 165-166

Lister, M.D. (1940): The development of the song in young chaffinches. Brit. Birds 34: 156-158

Löhrl, H. (1985): Verhalten zum Schutz der Beine bei großer Kälte. Vogelwelt 106: 238-241

Lorenz, K. (1949): Er redete mit dem Vieh, den Vögeln und den Fischen. Wien (Neuauflage München 1964)

Lougheed, S.C., A.J.Lougheed, M.Rae & P.Handford (1989): Analysis of a dialect boundary in chaco vegetation in the Rufous-collared Sparrow. Condor 91: 1002-1005

Lovaty, F. (1985): Un cas de bigamie chez le Pinson des arbres (*Fringilla coelebs* L.). Oiseau R.F.O. 55: 351-357

Lynch, A. & A.J. Baker (1986): Congruence of morphometric and cultural evolution in Atlantic island chaffinch populations. Can. J. Zool. 64: 1576-1580

Mairy, F. (1969): Développements anormaux de la territorialité et la nidification d'une population de Pinsons des arbres (*Fringilla coelebs* L.) sur le plateau des Hautes Fagnes. Gerfaut 59: 48-69

Marfurt, B. (1971): Das Geschlechterverhältnis der Buchfinken *Fringilla coelebs* in der Schweiz im Winter 1961/62. Orn. Beob. 68: 245-249

Marjakangas, A. (1981): A singing Chaffinch *Fringilla coelebs* in female plumage paired with another female-plumaged Chaffinch. Orn. Fenn. 58: 90-91

Marler, P. (1952): Variation in the song of the Chaffinch *Fringilla coelebs*. Ibis 94: 458-472

Marler, P. (1956a): Behaviour of the Chaffinch (*Fringilla coelebs*). Behaviour Suppl. 5: 1-184, 10 Tafeln

Marler, P. (1956b): The voice of the Chaffinch and its function as a language. Ibis 98: 231-261

Marler, P. (1956c): Territory and individual distance in the Chaffinch *Fringilla coelebs*. Ibis 98: 496-501

Marler, P. (1957): Specific distinctiveness in the communication signals of birds. Behaviour 11: 13-39

Marler, P. & D. A. Nelson (1993): Action-basedd learning: a new form of developmental plasticity in bird song. Neth. J. Zool. 43: 91-103

MARTIN, A. H. (1987): Atlas de las aves nidificantes en la Isla de Tenerife. Inst. Estud. Canar. Tenerife

MASSA, R. & L. BOTTONI (1987): Effect of steroidal hormones on locomotor activity of the male Chaffinch (Fringilla coelebs L.). Monitore zool. Ital. (N.S.) 21: 69-76

MAYR, E. (1935): Bernard Altum and the Territory Theory. Proc. Linn. Soc. N.Y. 45-46: 1-15

MEBES, H.-D. (1981): Zur Schlafstellung und zum „sozialen" Verhalten des Buchfinken Fringilla coelebs. Gef. Welt 105: 174-176

MEINEKE, T. (1974): Ein atypisch singender Buchfink (Fringilla coelebs). Orn. Mitt. 26: 102

MESTER, H. (1960): Bauende Buchfinken-Männchen. Vogelwelt 81: 124-125

METZMACHER, M. & F. MAIRY (1972): Variations géographiques de la figure finale du chant du Pinson des arbres, Fringilla coelebs L. Gerfaut 62: 215-244

MIKKONEN, A. V. (1983): Breeding site tenacity of the Chaffinch Fringilla coelebs and the Brambling F. montifringilla in northern Finland. Orn. Scand. 14: 36-47

MIKKONEN, A. V. (1985): Establishment of breeding territory by the chaffinch, Fringilla coelebs, and the brambling, F. montifringilla, in northern Finland. Ann. Zool. Fenn. 22: 137-156

MLIKOVSKY, J. (1982): Biometrische Untersuchungen zum Geschlechtsdimorphismus in der Flügelform von Fringilla coelebs (Passeriformes: Fringillidae). Vogelwarte 31: 442-445

NAUMANN, J.F. (1905): Naturgeschichte der Vögel Mitteleuropas. Hrsg. C.R. HENNICKE. Gera-Untermhaus

NEWTON, I. (1964): The breeding biology of the Chaffinch. Bird Study 11: 47-68

NEWTON, I. (1967): The adaptive radiation and feeding ecology of some British finches. Ibis 109: 33-98

NEWTON, I. (1972): Finches. London

NIETHAMMER, G. (1962): Zur Variabilität rheinischer Buchfinken-Populationen. Bonn. zool. Beitr. 13: 209-215

NOSKOV, G.A. (1977): Moulting of Fringilla coelebs. II. Photoperiodic regulation and place in the annual cycle. Zool. Journ. (Moskau) 56: 1676-1686 (russ.)

NOTTEBOHM, F. (1969): The „critical period for song learning". Ibis 111: 386-387

NOTTEBOHM, F. (1970): Ontogeny of Bird Song. Science 167: 950-956

NOTTEBOHM, F. (1971): Neural lateralization of vocal control in a Passerine bird. I. Song. J. Exper. Zool. 177: 229-262

NOTTEBOHM, F. (1972): Neural lateralization of vocal control in a Passerine bird. II. Subsong, calls, and a theory of vocal learning. J. Exp. Zool. 179: 35-50

NÜRNBERGER, F., D. SIEBOLD & H.-H. BERGMANN (1989): Annual changes of learned behaviour - variation of song pattern in free-living Chaffinches, Fringilla coelebs, during the breeding season. Bioacoustics 1: 273-286

PEITZMEIER, J. (1955): Zur Deutung des „Regenrufes" des Buchfinken (Fringilla coelebs L.). J. Orn. 96: 147-152

PERDECK, A.C. (1970): The standard direction of the Scandinavian chaffinch during autumn migration throughout its area of passage. Ardea 58: 142-170

PERNAU, A. Freiherr von (1702): Unterricht, was mit dem lieblichen Geschöpff, denen Vögeln... Neudruck, Neue Presse, Coburg 1982

PICKSTOCK, J. C. & J. R. KREBS (1980): Neighbour-stranger song discrimination in the Chaffinch (Fringilla coelebs). J. Orn. 121: 105-108

POHL, H. (1970): Zur Wirkung des Lichtes auf die circadiane Periodik des Stoffwechsels und der Aktivität beim Buchfinken (Fringilla coelebs L.). Z. vergl. Physiol. 66: 141-163

POHL, H. (1971): Über Beziehungen zwischen circadianen Rhythmen bei Vögeln. J. Orn. 112: 266-278

POHL, H. (1988): Grenzen der Synchronisation circadianer Rhythmen durch Licht bei Vögeln. Vogelwarte 34: 291-301

POKROVSKAYA, I.V. (1968): Observations on nest site selection in some Passerines. Ibis 110: 571-573

POULSEN, H. (1951): Inheritance and learning in the song of the Chaffinch (Fringilla coelebs L.). Behaviour 3: 216-228

POULSEN, H. (1958): The calls of the Chaffinch (Fringilla coelebs L.) in Denmark. Dansk Orn. Foren. Tidsskr.52: 89-105

PRECHTL, H.F.R. (1953): Zur Physiologie der Angeborenen Auslösenden Mechanismen. I. Quantitative Untersuchungen über die Sperrbewegung junger Singvögel. Behaviour 5: 32-50

PROMPTOFF, A. (1930): Die geographische Variabilität des Buchfinkenschlags (Fringilla coelebs L.) in Zusammenhang mit etlichen allgemeinen Fragen der Saisonvögelzüge. Biol. Zbl. 50: 478-503

PUCHSTEIN, K. (1973): Arbeitspapier Buchfink - Versuch einer Monographie für die Avifauna Schleswig-Holsteins. Corax, Sonderheft, 19 S.

RABÖL, J. (1967): Visual diurnal migratory movements. Dansk Orn. Foren. Tidsskr. 61: 73-99

RAUSCH, M. (1900): Die gefiederten Sängerfürsten. Magdeburg

REED, T.M. (1982): Interspecific territoriality in the Chaffinch and Great tit on islands and on the mainland of Scotland: playback and removal experiments. Anim. Behav. 30: 171-181

RENDAHL, H. (1968): Die Zugverhältnisse der schwedischen Buchfinken (Fringilla coelebs L.) - mit Berücksichtigung der Ergebnisse der norwegischen und finnischen Beringungen. Ark. för Zool. 22: 225-278

SAETHER, B.E. & T. FONSTAD (1981): A removal experiment showing unmated females in a breeding population of Chaffinches. Anim. Behav. 29: 637-639

SCHEER, G. (1952): Über den Einfluß der Temperatur auf den morgendlichen Gesangsbeginn des Buchfinken in verschiedenen Jahren. Orn. Fenn. 29: 77-82

SCHIFFERLI, A. (1963): Vom Zug der Buchfinken Fringilla coelebs in der Schweiz. Proc. 13. Int. Orn. Congr.: 468-474

SCHOLS, R. (1987): De naar geslacht gescheiden najaarstrek van de Vink Fringilla coelebs in Zud-Limburg. Limosa 60: 119-122

SCHREIBER, M. (1983): Untersuchungen zur Ernährung des Buchfinken (Fringilla coelebs). Staatsexamensarbeit Hannover

SCHREIBER, M. (1989): Habitatstrukturen als Einflußgrößen in der Reproduktionsbiolgie des Buchfinken (Fringilla coelebs Linnaeus 1758). Diss. Osnabrück

SICK, H. (1939): Über die Dialektbildung beim Regenruf des Buchfinken. J.Orn. 87: 568-592

SICK, H. (1950): Der Regenruf des Buchfinken (Fringilla coelebs). Vogelwarte 15: 236-237

SIMKIN, G.N. (1982): Modern problems of sound communication in birds. Ornitologija 17: 36-53

SIMMONS, K.E.L. (1986): Food-robbery as alternative feeding strategy of Chaffinch. Brit. Birds 79: 595-596

SLAGSVOLD, T. (1976): Bird song activity in relation to breeding cycle, spring weather, and environmental phenology. Orn. Scand. 8: 197-222

SLATER, P.J.B. (1983a): Sequences of song in Chaffinches. Anim. Behav. 31: 272-281

SLATER, P.J.B. (1983b): Chaffinch imitates Canary song elements and aspects of organization. Auk 100: 493-495

SLATER, P.J.B. (1989): Bird song learning: causes and consequences. Ethol. Ecol. Evolut. 1: 19-46

SLATER, P.J.B., F.A.CLEMENT, S & D.J.GOODFELLOW (1984): Local and regional variations in chaffinch song and the question of dialects. Behaviour 88: 76-97

SLATER, P.J.B. & P.J.SELLAR (1986): Contrasts in the songs of two sympatric Chaffinch species. Behaviour 99: 46-64

SOKOLOWSKI, J. (1965): Wann läßt der Buchfink den Regenruf hören? Ardea 53: 73-78

STADLER, H. (1917): Übende Buchfinken. J. Orn. 65: 465-467

STADLER, H.(1930): Vogeldialekt. Alauda 2, Suppl. : 1-66

STALLA, F. (o.J.): Der Buchfinkenwettstreit. In: 50 Jahre Verein für Vogelschutz Oppau. Eigendruck

STEINFATT, O. (1937): Nestbeobachtungen beim Rotkehlchen (Erithacus r. rubecula), Braunkehlchen (Saxicola rubetra), Buchfink (Fringilla c. coelebs) und Hänfling (Carduelis c. cannabina). Verh. Orn. Ges. Bayern 21: 139-154

STORER, N.P. & M.H.HANSELL (1993): Specialization in the choice and use of spider silk in the nest of the chaffinch (Fringilla coelebs) (Aves, Fringillidae). J. Nat. Hist. 26: 1421-1430

STRESEMANN, E. (1927-1934): Sauropsida: Aves. In: KÜKENTHAL, W. & T.KRUMBACH (Hrsg.): Handbuch der Zoologie, Bd. 7,2. Berlin und Leipzig

STRESEMANN, E. (1943): Über das geographische Abändern des Regenrufes von Fringilla coelebs. Ornith. Mber. 51: 139-140

SVENSSON, B.W. (1978): Clutch dimensions and aspects of the breeding strategy of the Chaffinch Fringilla coelebs in northern Europe: a study based on egg collections. Orn. Scand. 9: 66-83

SVENSSON, L. (1970): Identification guide to European Passerines. Stockholm

TEMBROCK, G. & D. WALLSCHLÄGER (1987): Bemerkungen zum Gesang des Buchfinken (Fringilla coelebs). Mitt. Zool. Mus. Berl. 63, Suppl. Ann. Orn. 11: 3-12

THALER, E. (1979): Das Aktionssystem von Winter- und Sommergoldhähnchen (Regulus regulus, R. ignicapillus) und deren ethologische Differenzierung. Bonn. zool. Monogr. 12: 1-151

THIELCKE, G. (1962): Die geographische Variation eines erlernten Elementes im Gesang des Buchfinken (Fringilla coelebs) und des Waldbaumläufers (Certhia familiaris). Vogelwarte 21: 199-202

THIELCKE, G. (1974): Stabilität erlernter Singvogel-Gesänge trotz vollständiger geographischer Isolation. Vogelwarte 27: 209-215

THIELCKE, G. (1988a): Buchfinken (Fringilla coelebs) eliminieren erlernte Gesänge von Baumpiepern (Anthus trivialis). Vogelwarte 34: 319-336

THIELCKE, G. (1988b): Neue Befunde bestätigen Baron PERNAUS (1660-1731) Angaben über Lautäußerungen des Buchfinken (Fringilla coelebs). J. Orn. 125: 55-70

THIELCKE, G. (1992): Stabilität und Änderungen von Dialekten und Dialektgrenzen beim Gartenbaumläufer (Certhia brachydactyla). J. Orn.133: 43-59

THIELCKE, G. & M. KROME (1989): Experimente über sensible Phasen und Gesangsvariabilität beim Buchfinken (Fringilla coelebs). J. Orn. 130: 435-453

THIELCKE, G. & M. KROME (1991): Chaffinches Fringilla coelebs do not learn song during autumn and early winter. Bioacoustics 3: 207-212

THIENEMANN, J. (1928): Rossitten. Neumann-Neudamm, Melsungen. 2.Aufl.

THÖLE, I. (1982): Zum Strophenabbruch im Vollgesang des Buchfinken. Unveröff. Staatsexamensarbeit Univ. Osnabrück

THOMPSON, T. (1969): Conditioned avoidance of the mobbing call by Chaffinches. Anim. Behav. 17: 517-522

THORPE, W.H. (1954): The process of song-learning in the Chaffinch as studied by means of the sound spectrograph. Nature 173: 465-469

THORPE, W.H. (1955a): Comments on ,,The Bird Fancyer's Delight" together with notes on imitation in the subsong of the Chaffinch. Ibis 97: 247-251

THORPE, W.H. (1955b): The analysis of bird song with special reference to the song of the Chaffinch (Fringilla coelebs). Acta Congr. Int. Orn. Basel, Experientia Suppl. 3: 209-217

THORPE, W.H.(1958 a): The learning of song patterns by birds, with especial reference to the song of the chaffinch Fringilla coelebs. Ibis 100: 535-575

THORPE,W.H. (1958 b): Further studies on the process of song learning in the Chaffinch (Fringilla coelebs gengleri). Nature 152: 554-557

TINBERGEN, N. (1956): Instinktlehre. Hamburg und Berlin

TOMEK, T. & E. WALIGORA (1976): Nesting of the Chaffinch Fringilla coelebs coelebs LINNAEUS, 1758. Acta Zool. Cracov. 21: 13-29

UDVARDY, M.v. (1954): Ett bidrag till bofinkens (Fringilla coelebs) och bergfinkens (F. montifringilla) utbredningshistoria i Lappland. Var Fagelvärld 13: 262-266

UDVARDY, M.D.F. (1956): Observations on the habitat and territory of the Chaffinch, Fringilla c. coelebs L., in Swedish Lapland. Ark. för Zool. 9: 499-505

UTTENDÖRFER, O. (1952): Neue Ergebnisse über die Ernährung der Greifvögel und Eulen. Stuttgart

VALLET, E.M. & M.KREUTZER (1992): Unusual song and responses in a Chaffinch Fringilla coelebs. Bioacoustics 4: 37-42

VAN DOBBEN, W.H. (1949): Nest building technique of Icterine Warbler and Chaffinch. Ardea 37: 89-97

VLEUGEL, D.A. (1941): Sociale roestgewoonten bij vogels, inzonderheid bij Vink (Fringilla coelebs L.) en Keep (Fringilla montifringilla L.). Ardea 30: 89-106

VLEUGEL, D.-A. (1952): Über die Bedeutung des Windes für die Orientierung ziehender Buchfinken, Fringilla coelebs L. Orn. Beob. 49: 45-53

VLEUGEL, D.-A. (1954): De vookeur van trekkende, zich op zon en wind orienterende Botvinken (Fringilla coelebs L.) voor tegenwind. Giervalk 44: 259-277

WESTERNHAGEN, W.v. (1953): Umkehrzug beim Buchfinken im Frühjahr. Vogelwelt 74: 10-16

WILKINSON, R. (1980): Call of nestling Chaffinches Fringilla coelebs: The use of two sound sources. Z. Tierpsychol. 54: 346-356

WILLER, W. (1965): Singflug eines Buchfinken - Fringilla coelebs -. Emberiza 1: 203-204

WITT, K. (1988): Jahresperiodisches Auftreten von Buch- und Bergfink (Fringilla coelebs et F. montifringilla) in Berlin (West) 1965 bis 1986. Orn. Ber. Berlin (West) 13: 119-155

WOLTERS, H.E. (1975ff): Die Vogelarten der Erde. 4. Lief. Parey, Hamburg und Berlin

ZUCCHI, H. (1979a): Do free-living songbirds habituate to species-specific alarm-calls? Experientia 35: 758

ZUCCHI, H. (1979b): Gewöhnung an Signale der innerartlichen Kommunikation beim Buchfinken Fringilla coelebs L. (Aves, Passeriformes, Fringillidae) unter Freiland- und Laborbedingungen. Diss. Marburg/L.

ZUCCHI, H. & H.-H. BERGMANN (1975): Long-term habituation to species-specific alarm calls in a songbird (Fringilla coelebs L.). Experientia 31: 817-818

Register

AULA-VERLAG

Dieses Kompendium der Vögel Mitteleuropas ist ein kompaktes, inhaltsreiches und praxisbezogenes Nachschlagewerk für den Vogelbeobachter, den Natur- und Artenschützer, aber auch den Lehrer, Dozenten und Fachjournalisten. Das Werk schließt von seiner Konzeption her eine Lücke zwischen den knappen Bestimmungsbüchern und den breiten Texten von Handbüchern und Artmonographien. In den beiden Bänden des Werkes sind alle in Mitteleuropa vorkommenenden Vogelarten in gestrafften Kapiteln abgehandelt.

Die Gliederung der einzelnen Artkapitel beinhaltet: Status - Kennzeichen - Verbreitung - Biotop - Nahrung - Stimme - Verhalten - Fortpflanzung - Alter - Mauser - Literatur.

Bezzel, Einhard
Kompendium der Vögel Mitteleuropas

Nonpasseriformes - Nichtsingvögel
1985. 800 S., 198 Zeichn., 127 Verbreitungskarten, 27 Tab., Gb, DM 118,-
ISBN 3-89104-424-0,
Bestell-Nr. 315-00838

Passeres - Singvögel
1993. 772 S., 187 Zeichn., 143 zweifarbige Verbreitungskarten, 73 Tab., Gb, DM 128,-
ISBN 3-89104-530-1,
Bestell-Nr. 315-00883

Beide Bände zusammen:
DM 198,-, Bestell-Nr. 315-00886

Zielgruppen:

Ornithologen, Vogelbeobachter, Natur- und Artenschützer, Lehrer, Fachjournalisten, Entscheidungsträger in den Behörden

VERLAGSGEMEINSCHAFT

LIMPERT
QUELLE & MEYER
AULA

ORNITHOLOGIE

AULA-VERLAG

Dieses Buch gibt ein vollständiges Bild von dem Verhalten der Antarktisseeschwalbe (Sterna vittata) in ihrem natürlichen Lebensraum. Besondere Berücksichtigung finden das Komfortverhalten und die Lautgebung sowie die verschiedenen Formen der intraspezifischen Kommunikation. Aus den Beobachtungen werden durch Vergleich mit verwandten Arten Schlußfolgerungen zur taxonomischen Stellung der Art gezogen. Ausgehend von dem Ethogramm dieser interessanten Vogelart wird die Bedeutung von ethologischen Isolationsmechanismen für die Artbildung diskutiert.

Aus dem Inhalt: Allgemeine Bewegungsformen - Stoffwechselbedingtes Verhalten - Komfortverhalten - Feindverhalten - Agonistisches Verhalten - Territorialverhalten - Sexualverhalten - Paarverhalten - Nestbau- und Brutverhalten - Jungenaufzucht - Lautgebung - Zur Phylogenese der Antarktisseeschwalben-Laute - Der Einfluß der Vigilanz auf die Herzschlagrate brütender Vögel - Diskussion - Literatur.

Forum Ornithologie im
AULA-Verlag

Gebauer, Axel

Verhaltensbiologie der Antarktisseeschwalbe

1993. 120 Seiten, 48 Abbildungen, 9 Tabellen, Kt, DM 34,80
ISBN 3-89104-536-0,
Bestell-Nr. 315-00869

Zielgruppen:

Fach- und Hobbyornithologen, Verhaltensbiologen, Evolutionsbiologen, an Natur- und Artenschutz Interessierte

VERLAGSGEMEINSCHAFT

LIMPERT
QUELLE & MEYER
AULA

ORNITHOLOGIE • ZOOLOGIE